DIE REFORM
DES
JURISTISCHEN STUDIUMS

VON

DR. HEINRICH B. GERLAND
O. PROFESSOR AN DER UNIVERSITÄT JENA UND
AKADEMISCHER RAT AM GEMEINSCHAFTLICHEN
THÜRINGISCHEN OBERLANDESGERICHT

BONN 1911
A. MARCUS & E. WEBER'S VERLAG

WILHELM KISCH

ZUR ERINNERUNG AN UNSERE EIGENEN LEHRJAHRE
IM JURISTISCHEN SEMINAR ZU STRASSBURG

Vorwort.

Die folgenden Ausführungen stellen meine an der hiesigen Universität gehaltene Antrittsvorlesung dar, die ich allerdings in sehr beträchtlicher Weise nach den verschiedensten Richtungen hin ergänzt und erweitert habe. Wenn ich trotzdem die Form des Vortrages beibehalten habe, so geschah dies der Anschaulichkeit und der Lebendigkeit der Darstellung wegen. Die einschlägige Literatur habe ich in weitem Umfang mitherangezogen, da Zweck der nachstehenden Seiten auch der ist, eine möglichst gedrängte Skizze über den augenblicklichen Stand des Problemes zu geben und zusammenfassend das Wertvolle zu benutzen, was an vielen Orten zerstreut ein leider oft nicht beachtetes Dasein führt. Die S. 20 Anm. 1 zitierten Arbeiten von Mittermaier, Grueber, Zacharias, Pabst und Hellwig konnte ich leider nicht mehr benutzen, da sie mir erst nach der Drucklegung zugingen. Ich habe sie aber, so gut es ging, noch in den Anmerkungen berücksichtigt.

Jena, 24. Dezember 1910.

H. B. Gerland.

I.

Drei Gründe waren es, die mich bestimmt haben, als Thema meiner Antrittsvorlesung die Frage der Reform des akademischen Rechtsunterrichtes zu wählen. Einmal haben mich meine rechtsvergleichenden Arbeiten auf dem Gebiet der Gerichtsverfassung mit einem dem unseren so verschiedenen Ausbildungssystem der Juristen bekannt gemacht, daß Vergleichungen sich von selbst ergaben, daß die kritische Frage nach dem Wert oder Unwert der deutschen Einrichtungen notwendigerweise den Abschluß meiner Studien bilden mußte. Ferner haben die lebhaften Angriffe, die seit geraumer Zeit gegen unseren deutschen Richterstand erhoben werden, mir schon seit längerem die Frage nahegelegt, ob die Ausbildung, die die Universitäten dem werdenden Beamten mit auf den Weg geben, eine den modernen Anforderungen entsprechende ist. Denn der innere Zusammenhang der Klagen über die Weltfremdheit, den Formalismus und Paragraphenkult unserer Richter, der Zusammenhang der in immer weiterem Umfang erhobenen Forderung nach Einführung von Laiengerichten an Stelle gelehrter Richter mit der Frage der heutigen juristischen Ausbildung und deren Bewährung kann nicht übersehen werden[1]. End-

1) Auf den Zusammenhang dieser Frage ist schon früher hingewiesen worden. Vergl. z. B. Unger, 25. Deutscher Juristentag Bd. II S. 105. Und sehr beachtenswert ist, wenn v. Liszt bereits

lich aber gibt mir mein Thema Gelegenheit, Stellung zu den Problemen des Rechtsunterrichtes der methodologischen Seite nach zu nehmen, eine Aufgabe, besonders geeignet für eine Antrittsvorlesung, in der man doch Farbe bekennen und mehr oder weniger ein Programm entwickeln soll. Und daß ein juristischer Dozent vor allem heute Anlaß hat, sich auf die Methode seiner Lehrtätigkeit zu besinnen, das beweist die seltsame Tatsache, daß ein großer Teil unserer Juristen den akademischen Unterricht mehr oder weniger vermeidet, so daß neben unseren staatlichen Universitäten die privaten Rechtsschulen sich immer mehr entfalten, und sogenannte Repetitoren und Einpauker in großem Umfang an der Ausbildung des juristischen Nachwuchses mitbeteiligt sind[1]. Daß die letztere Tatsache aber zum mindesten beweist, daß die Universitätseinrichtungen nach Ansicht der Studierenden zur Vorbereitung nicht ausreichen, leuchtet ein, und schon dies dürfte hinreichende Veranlassung sein, den Universitätsunterricht auf seine Bedeutung und Bewährung hin kritisch zu untersuchen.

1887 eine gründliche Umgestaltung der Studienverhältnisse verlangt hat, „soll nicht eine der schwersten Gefahren heraufbeschworen werden, die ein mitten in der kräftigsten Entwicklung begriffenes Volk treffen können: Mißtrauen in die Gründlichkeit seiner Rechtspflege, in die Tüchtigkeit seiner Verwaltung". (Reform des juristischen Studiums in Preußen S. 15.)

1) Die Tatsache des Repetitorenwesens ist eine sehr alte, sie dürfte so alt wie das Examenswesen sein. Schon Pape, Aphoristische Bemerkungen über Einzelrichter, juristische Prüfungen und Besoldungen, 1859, S. 47 erwähnt die immer mehr und mehr einreißende Sitte, in der letzten Periode der Studienzeit sich an Repetitoren zu wenden. Ebenso Hälschner, Das juristische Studium in Preußen, 1859, S. 19, der darauf hinweist, daß die Lehrtätigkeit der Universitätslehrer durch die Repetitoren ganz verdrängt werden müsse, wenn es so fortgehe wie bisher. Ähnliches konstatiert auch schon ein Reskript des preußischen Justizministeriums vom 18. Dez. 1851.

Ehe wir uns aber diesem unserem eigentlichen Probleme selbst zuwenden, dürfte eine kurze historische Betrachtung nicht ohne Nutzen sein, bei der natürlich nicht daran gedacht werden kann, in die Einzelheiten der Frage einzutreten. Namentlich muß dabei die verschiedene Entwicklung in den Einzelstaaten ganz unberücksichtigt bleiben, so interessant sie auch ist[1]. Aber die Hervorhebung auch nur der wichtigsten geschichtlichen Momente wird nicht ohne Wert sein. Denn es wird uns dadurch die Bedeutung und Entwicklung unseres Problems klar werden, bei dem man doch vielleicht sagen kann, daß wir augenblicklich mehr am Abschluß einer allerdings sehr langen Entwicklung, nicht aber etwa am Beginn oder auch nur in der Mitte einer solchen stehen[2]).

Ich greife etwa 100 Jahre zurück. Wie stand es damals um den Rechtsunterricht an den deutschen Universitäten? Seine Methode kann hier außer acht gelassen werden, da für uns nur das Objekt desselben, also sein Inhalt von Wichtigkeit ist. Es bildete nun aber damals den Mittelpunkt der Rechtslehre das Privatrecht in einer weit mehr beherrschenden Art als heute. Vor ihm, zu dem Zivilprozeßrecht und Konkursrecht hinzugerechnet werden mag, traten die übrigen Gebiete der Rechtswissenschaft gänzlich zurück, und namentlich war es eine immer wieder im Laufe der Zeit

---

1) Die beste historische Arbeit, die eine Fülle von Material enthält, ist Goldschmidt, Rechtsstudium und Prüfungsordnung, ein Beitrag zur preußischen und deutschen Rechtsgeschichte, 1887. Vergl. ferner Gneist, Aphorismen zur Reform des Rechtsstudiums in Preußen S. 19f.; derselbe, 14. Deutscher Juristentag Bd. I S. 119ff., Bd. III S. 213; Waller, Rechtsstudium und Referendariat S. 5ff.

2) Allerdings mag darauf hingewiesen werden, daß schon v. Liszt, Reform des juristischen Studiums in Preußen, 1887, S. 15 annahm, man stünde am Vorabend der Entscheidung.

erhobene Klage, daß das öffentliche Recht in den Hintergrund geschoben und so gut wie gar nicht mitberücksichtigt würde[1]. Daß Nationalökonomie fast gar nicht beachtet wurde, brauche ich kaum zu betonen[2]. Die Ausbildung der Juristen war also eine rein logisch-formale, die auf ein zwar wichtiges, aber jedenfalls doch nicht allein maßgebendes Gebiet der Rechtswissenschaft beschränkt wurde. Etwaige Ansprüche der Publizisten pflegte man einfach abzutun mit dem Hinweise, einseitige, gründliche Bildung sei der vielseitigen Oberflächlichkeit vorzuziehen[3].

Allein das Charakteristikum der damaligen juristischen Ausbildung war nicht nur ihre beschränkte Einseitigkeit, die sich übrigens auch nur historisch und nicht etwa sachlich erklären läßt, sondern es trat noch ein zweites Moment hinzu, in seiner Wirkung wohl noch bedeutungsvoller als das erste. Ich meine die Tatsache, daß man an den meisten deutschen Hochschulen im wesentlichen nicht das geltende Recht der Gegenwart behandelte, sondern ein Recht der Vergangenheit, auf dem Gebiet des Privatrechtes das römische Recht[4], auf dem Gebiet des Strafrechtes das Recht der Carolina. Die Gründe für diese auffallende Erscheinung waren im wesentlichen zwei: einmal die Herrschaft der historischen Schule, die den ganzen Unter-

1) Vergl. dazu namentlich Georg Meyer, Das Studium des öffentlichen Rechtes und der Staatswissenschaften in Deutschland S. 5ff.; ferner Lorenz v. Stein, Gegenwart und Zukunft der Rechts- und Staatswissenschaft Deutschlands.

2) Vergl. auch Ortloff, Reform des Studiums der Rechts- und Staatswissenschaften S. 15ff.

3) So noch z. B. 1887 Ein Wort aus der Praxis, Gegenwart und Zukunft des deutschen Juristenstandes S. 45f.

4) Das deutsche Privatrecht, das vor dem römischen Recht an Bedeutung völlig zurücktrat, kann hier außer Betracht gelassen werden.

richt mehr oder weniger geschichtlich zu gestalten trachtete[1], ferner das Bestreben der Wissenschaft, an der Einheit des deutschen Rechtes wenigstens der Idee nach festzuhalten. Beide Momente führten dazu, daß die geltenden Landesrechte, wenn überhaupt, so völlig nebensächlich behandelt wurden, und wenn der junge Jurist die Universität verließ, so kannte er wohl die Ehescheidungsstrafen des justinianaeischen und vorjustinianaeischen Rechtes, aber ob und wie eine Ehe nach modernem Recht zu scheiden war, ja, davon hatte er keine Ahnung. Er trat so gut wie gänzlich unausgerüstet in die Praxis, und das, was ihm die Universität mitgab, war bestenfalls die Fähigkeit juristisch zu denken, aber jedenfalls nicht die Kenntnis des Rechtes, das er anwenden sollte, die Fähigkeit zu denken und zu handeln nach Maßgabe der modernen Gesetze. Und ob der Geist des römischen Rechtes den Geist der Gesetzgebung des 19. Jahrhunderts zu ersetzen vermochte, mußte doch mehr als zweifelhaft erscheinen.

Die Folge dieser Verhältnisse war eine mehrfache:

Während früher das Schwergewicht der Ausbildung im Universitätsunterricht lag[2], mußte sich dieser Zustand mit dem Augenblick ändern, in dem ein großer, wenn nicht der größte Teil des Studiums in dem praktischen Vorbereitungsdienst, der sich an das Universitätsstudium anschloß, mitzuerledigen war. Beide, akademisches Studium und Vorbereitungsdienst, waren nun nicht mehr ihren Zwecken nach scharf voneinander getrennt, sondern

1) Über diese einseitig historische Methode klagt treffend bereits v. Schulte, Aufgabe und Reform des juristischen Unterrichtes S. 5.

2) Vergl. die kurzen, aber lehrreichen Ausführungen von Waller, Rechtsstudium und Referendariat S. 6ff.

es trat eine Vermengung ihrer Aufgaben ein, die nicht ohne Bedenken sein konnte. Denn da erst die Praxis das Recht des Lebens, das Recht der Gegenwart lehrte, so war es klar, daß die Bedeutung dieses praktischen Studiums um so mehr zunehmen mußte, je unpraktischer, je historischer das Universitätsstudium wurde. Und in der Tat trat eine Präponderanz des Vorbereitungsdienstes mit der Zeit ein, die sich auch deutlich genug im Examenswesen kundgab. Denn während die die Universitätsstudien abschließende erste Prüfung doch jedenfalls nicht allzuschwer, oft sogar sehr leicht und mehr Formsache war, bildete das eigentliche Examen die große Staatsprüfung, die am Ende der praktischen Ausbildung den Studiengang des Juristen abschloß [1].

Diese Tatsache nun aber führte zu der weiteren Folge, daß der Jurist das Universitätsstudium nicht allzu ernst nahm. Denn er mochte es erleben, daß der Praktiker ihn, falls er wirklich studiert hatte, mit der Aufforderung in der Praxis empfing, den gelehrten Universitätskram nur schleunigst zu vergessen. Und man konnte auch jenem Praktiker eigentlich gar nicht so sehr unrecht geben [2], denn was sollte er mit einem Juristen anfangen, der zwar römisches Recht vortrefflich verstand, das er nun aber doch leider nicht anzuwenden hatte, der aber vom Code Civil keine Ahnung hatte [3]? So kam es (wir schildern

1) Vergl. z. B. das preußische Justiz-Ministerialreskript vom 6. Mai 1840, abgedruckt bei Pape, Aphoristische Bemerkungen über Einzelrichter usw. S. 45; ferner Hälschner, Das juristische Studium in Preußen S. 20; Goldschmidt, Dreijähriges Studium der Rechts- und Staatswissenschaften S. 29f.; Gneist, Aphorismen zur Reform des Rechtsstudiums S. 19 und viele andere mehr.

2) Vergl. auch Petri, Zur Reform der juristischen Vorbildung S. 5.

3) Wenn Waller, Rechtsstudium und Referendariat S. 10 darüber Klage führt, daß seit 1850 das Referendariat in Preußen

hier natürlich nur das Typische in großen Zügen, rühmliche Ausnahmen haben existiert), so kam es, sage ich, zu einer starken Unterschätzung der Universitätsbildung auf seiten der Studenten, und die Klagen über den zunehmenden Unfleiß der studentischen Jugend wurden immer lauter und lauter[1].

Endlich aber war die Folge des geschilderten Zustandes die so unbegreifliche Trennung von Theorie und Praxis, die sich beide nicht mehr verstehen konnten, da sie sich gegenseitig nichts mehr zu leisten vermochten. Ihr Objekt war so verschieden, daß eine Vereinigung beider in der Tat unmöglich war. Und das führte zu einer Entfremdung, ja zu einer Verbitterung zwischen ihnen, die uns heute seltsam genug anmutet, und die zu wirklich bedauerlichen literarischen Kämpfen geführt hat[2 3]. Die Praxis verachtete die für sie gänzlich

---

Ausbildungsinstitut wurde und seinen wesentlichsten Gehalt damit genommen bekam, die hilfsrichterlichen Funktionen, so übersieht er, daß diese Entwicklung absolut notwendige Folge des damaligen akademischen Unterrichtes war. Der Referendar, der das Recht seiner Zeit nicht kannte, wie sollte der als Hilfsrichter tätig werden?!

1) Diese Klagen selbst sind außerordentlich alt. So sagt bereits ein preußisches Zirkularreskript vom 12. Okt. 1804: „Da die bisherigen Versuche, den im Sinken begriffenen Fleiß der studierenden Jugend auf Universitäten auf alle mögliche Weise zu beleben, nicht den gewünschten Erfolg gehabt haben . . . .“ Vergl. Goldschmidt, Das dreijährige Studium der Rechts- und Staatswissenschaften S. 23f. Und man muß beinahe Burckhard, Zur Reform der juristischen Studien S. 66 beistimmen, wenn er ausführt, diese Klagen seien schließlich so alt wie die Universitäten selbst. Aehnlich auch Nowack, Reform der juristischen Studien S. 33.

2) Man vergleiche z. B. nur die beiden Schriften von Hagen, Das juristische Studium, 1859, und ferner: Ein Wort aus der Praxis, Gegenwart und Zukunft des deutschen Juristenstandes, 1887, welch letztere Abhandlung namentlich ein einziger gehässiger Angriff gegen die Universitäten und ihre Dozenten ist. Vergl. ihre treffende Würdi-

überflüssige, lebenserstorbene Wissenschaft, und diese wieder sah hochmutsvoll, in einseitigstem Historismus befangen, auf die Handwerker der Praxis herab, die ohne jedes tiefere Verständnis Probleme behandelten, denen man nicht zu selten überhaupt den Charakter von Problemen bestritt, weil die Quellen von ihnen nichts wußten. Und da man die Praxis als solche nicht genügend achtete, da man andererseits ein von ihr verschiedenes Objekt der Behandlung hatte, so kam es, daß man als Ziel der Universitätsbildung durchaus einseitig rein wissenschaftliche Ausbildung postulierte, ein Ziel, mit dem natürlich die Praxis sich niemals einverstanden erklären konnte[1]. Der ganze Gegensatz war aber doch ein so weitgehender, daß auch die heute veränderten Verhältnisse ihn noch nicht völlig zu beseitigen vermocht haben. Aber

---

gung bei Goldschmidt, Rechtsstudium und Prüfungsordnung S. 403 Anm. 488b.

3) Vergl. Gneist, 14. Deutscher Juristentag Bd. I S. 152; v. Liszt, Reform des juristischen Studiums S. 28ff.

1) Man vergl. nur z. B. Hälschner, Das juristische Studium in Preußen S. 20: „Der Jurist soll auf der Universität eine lediglich theoretische, nicht etwa wie der Mediziner zugleich eine praktische Vorbildung haben.“ S. 21 f.: „Solange aber für die jungen Juristen eine durch Universitätsstudien erlangte wirklich wissenschaftliche Vorbildung für nötig erachtet wird, so lange bleibt es eine folgerechte Forderung, daß in der ersten Prüfung an die Leistungen der Kandidaten ein streng wissenschaftlicher, von aller sogenannten praktischen Brauchbarkeit der Kenntnisse zunächst absehender Maßstab angelegt werde.“ Dagegen wendet sich Hagen, Juristisches Studium S. 11 mit Recht, vergl. namentlich S. 16: „Wenn die Rechtswissenschaft aber keine unmittelbar praktische Wissenschaft ist, wenn sie lediglich in der gesunden und stärkenden Luft klassischer Jurisprudenz die Leuchte des juristischen Genies bewundernd verweilt, dagegen den dumpfen Luftkreis des der genialen Intuition entbehrenden Strebens der modernen Gesetzgebungen vermeidet, nicht mehr in das wirkliche Leben einzugreifen und sich damit in Übereinstimmung zu setzen vermag, dann ist die Rechtswissenschaft tot.“

der Unterschied zwischen heute und damals ist doch nicht zu verkennen. Denn während nunmehr etwaige Spannungsverhältnisse zwischen Theorie und Praxis zumeist rudimentärer Natur sind, waren sie damals eine aus den Verhältnissen der Zeit notwendig sich ergebende Folgeerscheinung einer Methode der Wissenschaft, der sich die Praxis eben nie unterwerfen konnte, noch auch jemals wird unterwerfen können. Die historische Methode als solche wird und muß eben stets die Methode der reinen Wissenschaft bleiben[1], als Methode der Praxis ist sie ihrem eigenen Wesen nach unmöglich[2].

Das bisher Ausgeführte findet eine wertvolle Bestätigung in folgendem: Wir sehen, daß der entscheidende Grund für die von uns geschilderten bedenklichen Folgeerscheinungen die Differenzierung von Wissenschaft und Praxis dem Objekt ihrer Betrachtung nach war. Nun war aber diese Differenzierung nicht durch ganz Deutschland hindurch gegeben, und zwar namentlich da nicht, wo das gemeine Recht noch geltendes Recht war, wo also keine Landeskodifikationen im weitesten Umfange bestanden, oder wo doch die Kodifikationen sich im wesentlichen auf gemeinrechtlicher Basis aufbauten. Hier entstand jene weiter oben geschilderte Trennung von Theorie und Praxis längst nicht in der Schärfe wie anderwärts, hier aber behielten die Universitäten auch ihre präponderierende Stellung im Hinblick auf die Ausbildung der Juristen, da hier

1) Ich lasse dahingestellt, ob sie hier die allein richtige ist.

2) So ist es auch verständlich, wenn Hagen l. c. S. 11 schreibt, es gäbe kaum mehr einen Rechtslehrer mit einem bis zum Praktiker dringenden Ruf. Das lag nicht an der Inferiorität damaliger Wissenschaft, die man ernsthaft doch wirklich nicht behaupten kann, sondern an der Tatsache, daß der Praktiker die meisten Arbeiten der Rechtslehrer überhaupt nicht gebrauchen konnte.

ja das Referendariat nur noch zum Gewinnen technischer Fertigkeit, nicht aber zum Studium des eigentlichen Rechtes zu dienen hatte. Und hier wurde, was interessant genug ist, auch keineswegs so über den Unfleiß der Studierenden geklagt, wie dies z. B. in Preußen der Fall war[1]. Allerdings aber mußten sich auch in diesen Gebieten die Verhältnisse mit der fortschreitenden Modernisierung der Landesrechte, die sich ja nicht aufhalten ließ, in der von uns charakterisierten, durchaus abwegigen Richtung hin entwickeln, und daß jedenfalls die Tendenz hierzu überall gegeben war, beweist die Methode, mit der man damals Strafrecht betrieb; behandelte man doch wissenschaftlich fast ausschließlich die Carolina noch als das geltende Recht, während sie in der Tat fast nirgends mehr zur Anwendung kam[2].

Wir, die wir heute mitten im Leben stehen, die wir gewöhnt sind, das Recht nur als lebendige Macht, nur als tatsächliches Ereignis im Leben zu begreifen, die wir uns stets mehr gewöhnen von der Wirkung, weniger von der Entstehung des Rechtssatzes auszugehen, wir können die früheren Verhältnisse, wie sie doch erst relativ kurz hinter uns liegen, kaum noch begreifen. Und doch haben auch sie ihr Gutes gehabt, ihre historische Notwendigkeit und damit denn auch ihre historische Wirkung auf die Entwicklung der heutigen Verhältnisse. Die Bedeutung des zähen Festhaltens der Wissenschaft an den Rechten vergangener Zeiten, das Nichteingehen auf das partikularistisch immer mehr zerfallende Landesrecht scheint

1) Vergl. die außerordentlich interessanten Ausführungen Gneists, 14. Deutscher Juristentag Bd. I S. 122f. Gneist spricht direkt aus, daß von einer Vergeudung der Studienzeit in den Ländern des gemeinen Rechtes nichts bekannt war.

2) Vergl. auch v. Liszt, Lehrbuch des Strafrechtes 14. Aufl. S. 52f.; Zitelmann, Vorbildung der Juristen S. 32.

mir weniger sich aus der historischen Methode ergeben zu haben, als vielmehr aus dem politischen Bestreben, die Einheit des deutschen Rechtes in der Rechtsentwicklung und für die Rechtsentwicklung festzuhalten, ein Bestreben, das man nicht einseitig nur aus den Erklärungsversuchen der Zeit, sondern historisch aus dem ganzen Geist, der ganzen Tendenz der damaligen Zeit begreifen kann. Und historisch hat diese Tendenz, so übel sie unmittelbar für die Gegenwart gewirkt haben mag, doch ein Großes geleistet: Es wurde in der Tat die Idee des einen deutschen Rechtes aufrecht erhalten, und es wurde noch mehr erreicht: die einheitliche Ausbildung eines deutschen Juristenstandes auf der Universität, zum mindesten nach gleichen Prinzipien und Ideen. Daß diese Tatsache, durch die doch bestimmte Rechtsvorstellungen ein gemeinsamer Besitz deutscher Juristen wurden, nicht ohne Bedeutung geblieben ist für die spätere Vereinheitlichung des deutschen Rechtes, dürfte von selbst einleuchten. Jedenfalls kann sich dieses historische Verdienst die Wissenschaft jener Zeit für immer zuschreiben, wenn auch ihre Methode mit der Erreichung des Zieles unmöglich geworden ist[1].

Ueberblicken wir nun aber des weiteren den Gang der Entwicklung, wie wir ihn im 19. Jahrhundert beobachten können, und wie er hier für uns von Interesse ist, so läßt sich im allgemeinen ein Vierfaches in ihm deutlich erkennen:

Einmal werden die Lehrgegenstände im Universitätsunterricht erweitert. Das Privatrecht wird aus seiner allein dominierenden Stellung verdrängt[2]. Das öffentliche Recht

---

1) Vergl. Friedberg, Die künftige Gestaltung des deutschen Rechtsstudiums S. 7ff.; insbesondere aber die treffenden Ausführungen O. Fischers, Der Rechtsunterricht und das Bürgerliche Gesetzbuch S. 10f.

2) Leonhard, Deutsche Juristenzeitung Bd. V S. 325.

in seinen verschiedenen Gebieten wird mehr und mehr berücksichtigt. Die Staatswissenschaften, deren eminente Bedeutung für den Juristen man nur sehr zum Nachteil einer wahren juristischen Ausbildung übersehen hatte, wurden herangezogen und selbst zu Prüfungsfächern, wenn auch in bescheidenem Umfang, gemacht[1]. Und es erschienen nun die vielen modernen Hilfswissenschaften, bei denen man doch vielleicht manchmal meinen könnte, es seien ihrer etwas gar viele, ein Zuviel, das man aber gegenüber dem Zuwenig der früheren Zeit gern mit in Kauf nehmen wird. Ich möchte aber diese ganze Entwicklungsreihe bezeichnen als die Überwindung der rein privatrechtlichen Ausbildung durch eine enzyklopädische Ausbildung, als die Materialisierung der bisher überwiegend formalistischen Ausbildung. Daß diese Entwicklung heute noch nicht völlig abgeschlossen ist, brauche ich kaum erst zu betonen.

Die andere Entwicklungsreihe, die sich im 19. Jahrhundert nachweisen läßt, ist bedingt durch die immer mehr durchgeführte Vereinheitlichung des deutschen Rechtes. Die Überwindung des Partikularismus, in der die Hauptbedeutung der deutschen Rechtsentwicklung der zweiten Hälfte des 19. Jahrhunderts liegt, und die diese Periode unstreitig zu einer der bedeutungsvollsten und

1) Vergl. z. B. das preußische Gesetz vom 6. Mai 1869 § 4: „Den Gegenstand der Prüfung" — d. h. der ersten Prüfung — „bilden die Disziplinen des öffentlichen und Privatrechtes und der Rechtsgeschichte, sowie die Grundlagen der Staatswissenschaften. Die Prüfung muß . . . . darauf gerichtet werden, ob der Kandidat sich überhaupt die für seinen künftigen Beruf erforderliche allgemeine rechts- und staatswissenschaftliche Bildung erworben hat." Über die praktische Handhabung dieser Bestimmung vergl. aber dann auch Goldschmidt, Dreijähriges Studium der Rechts- und Staatswissenschaften S. 32ff.

markantesten Epochen deutscher Rechtsgeschichte überhaupt gemacht hat, hat dazu geführt, daß die Universitäten aufhörten, in erster Linie das antiquierte Recht der Vergangenheit zu lehren. Und den gewaltigsten Umschwung in dieser Beziehung bedeutete ja die Einführung des BGB., von der an auch eine neue Ära für den Universitätsunterricht begann. Modernisierung desselben dem Objekte nach war das Ziel, das hier zu erreichen war, ein Ziel, das allerdings manchen dazu führte, das Geschichtliche in der Rechtskenntnis und der Rechtsausbildung gänzlich zu negieren. Allein man darf bei diesen zweifellosen Übertreibungen auch nicht übersehen, daß von einem einseitig romanistischen Standpunkt aus noch kurz vor der Einführung des BGB. allen Ernstes verlangt war, es solle hinsichtlich des Universitätsunterrichtes alles beim alten bleiben, es solle das Studium des BGB. im wesentlichen dem Vorbereitungsdienst vorbehalten bleiben, eine Auffassung, die allerdings, wenn sie sich durchgesetzt hätte, wohl den Ruin der juristischen Fakultäten, und zwar mit Recht, bedeutet hätte [1] [2].

---

1) Stammler, Behandlung des römischen Rechtes im Studium S. 14f. weist treffend auf die Gefahr hin, die bei einer Trennung des Rechtes der Schule und des Rechtes des Lebens für die Schule entsteht.

2) Auf die umfangreiche Literatur, die sich mit der durch die Einführung des BGB. bedingten Veränderung des Rechtsunterrichtes befaßt, braucht hier nicht eingegangen zu werden, da dieselbe im wesentlichen heute bloß ein historisches Interesse hat. Es sei nur bemerkt, daß 1876 Bethmann-Hollweg, Gesetzgebung und Rechtswissenschaft als Aufgabe unserer Zeit S. 57ff. es als die unglücklichste Lösung betrachtete, wenn in Zukunft der grundlegende Unterricht im Zivilrecht auf das neue Reichs-Zivilgesetzbuch begründet würde. Und Zorn hat noch 1896 ausgesprochen, daß auch nach Inkrafttreten des BGB. die privatrechtliche Ausbildung unserer jungen Juristen keiner grundsätzlichen Reform bedürfe, daß an der zentralen Position des römischen Rechts das BGB. nichts Wesentliches ändern werde. Vergl. Petri, Reform der juristischen Vorbildung S. 6f.; ferner

Mit der Modernisierung des Lehrstoffes ergab sich eine weitere Folge ganz von selbst. War der Grund für die sinkende Bedeutung des Universitätsunterrichtes in der praktischen Unverwertbarkeit des vorgetragenen Stoffes zu erblicken gewesen [1], so leuchtet ein, daß das akademische Studium in dem Augenblick eine ganz andere Bedeutung gewinnen mußte, in dem es sich in erster Linie auf das geltende Recht erstreckte. Und so können wir beobachten, daß die Bedeutung des Universitätsunterrichtes ständig mit der Vereinheitlichung des deutschen Rechtes zunahm. Und daß auch hier die Einführung des BGB. einen Wendepunkt, und zwar wohl den entscheidenden für die weitere Entwicklung bedeutet hat, bedarf kaum noch besonderer Erwähnung [2].

Diese steigende Bedeutung der Studienzeit zeigte sich auch deutlich in der Vertiefung und Erschwerung des ersten Examens, das früher doch bloß mehr oder weniger,

---

Friedberg, Künftige Gestaltung des deutschen Rechtsstudiums S. 8f. Dagegen weist Strohal, Deutsche Juristenzeitung Bd. I S. 145ff. ganz mit Recht darauf hin, daß das römische Recht seine präponderierende Stellung doch nur erlangen konnte, weil kein einheitliches deutsches Recht existierte.

1) Hamm, Deutsche Juristenzeitung Bd. XII S. 22 sagt offen: „Wir studierten auf der Universität gemeines Recht weniger, weil wir es in der Praxis nicht brauchen konnten.“

2) Interessant sind die Ausführungen Wachs, 25. Deutscher Juristentag (1900) Bd. II S. 6: „Durch den Einsturz des gemeinen und des partikulären Rechtes wird jene Kluft zwischen Theorie und Praxis geschlossen werden, welche man in den gemeinrechtlichen Gebieten und wir dürfen sagen auch in Sachsen nicht kannte. Es wird die nachteilige Rückwirkung schwinden, welche die altpreußischen Zustände auf die annektierten gemeinrechtlichen Territorien geübt haben. Es wird mit der steigenden Erkenntnis von dem Wert einer sorgfältigen akademischen Bildung sich die Intensität der ersten Prüfung heben und damit wiederum der viel vermißte Fleiß der Studierenden sich einstellen“. Ferner Dorner, 26. Deutscher Juristentag Bd. III S. 133; Leonhard, Deutsche Juristenzeitung Bd. V S. 325ff.

wie wir bereits bemerkten, eine nicht allzu schwere Formsache war, nun aber eine wirklich ernsthafte und schwierige Prüfung wurde. So verschob sich allmählich das Schwergewicht der juristischen Ausbildung von dem Vorbereitungsdienst nach der Seite des Studiums. Und dieser Vorgang wurde noch begünstigt durch das neue Zivilprozeßrecht des Jahres 1879. Denn während der alte schriftliche Prozeß, namentlich der preußische Prozeß, sich außerordentlich zur Ausbildung der jungen Juristen geeignet hatte, war dies nicht mehr der Fall mit dem auf den Prinzipien der Mündlichkeit aufgebauten Verfahren des neuen deutschen Rechtes[1].

War somit einmal die Notwendigkeit entfallen, das moderne, weil partikuläre Recht den jungen Juristen erst durch die Praxis zu lehren, war andererseits die Praxis nicht mehr so imstande wie früher, zur Instruktion und zur Ausbildung verwandt zu werden, fielen die wichtigsten Aufgaben der Praxis nunmehr dem Universitätsunterricht zu, so kann es nicht wundernehmen, daß sich auch die Methode des Unterrichtes allmählich und bestimmt zu verändern begann. Hatte man früher als Endziel des Studiums eine rein wissenschaftliche, theoretische Ausbildung ins Auge gefaßt, eine Ausbildung, die letzten Endes doch stets nur eine historische sein sollte und mußte[2], so begann man nun einzusehen, daß schon beim Studium die Endziele einer jeden Ausbildung, Betätigung und Handhabung des Rechtes in der Praxis nicht außer

1) Gneist, 14. Deutscher Juristentag Bd. I S. 119ff., Bd. III S. 213ff.; Dernburg, Reform der juristischen Studienordnung S. 7f.; v. Liszt, Reform des juristischen Studiums S. 19.

2) Hagen, Juristisches Studium S. 16; insbesondere Stammler, Behandlung des römischen Rechtes in dem juristischen Studium S. 5, der mit Recht „wissenschaftlich“ im Sinne jener Zeit mit „rechtsgeschichtlich“ identifiziert.

acht gelassen werden durften. Da die Mehrzahl der Studierenden doch späterhin in die Praxis treten, so war es begreiflich, daß der Rechtsunterricht, wollte er auf die Ausbildung der Praktiker einen wirklichen Einfluß von Dauer gewinnen, auf deren spätere Aufgaben Rücksicht nehmen mußte. Und indem man sich des weiteren darauf besann, daß man die Methode der Rechtsanwendung nicht bloß durch theoretischen Vortrag, sondern nur durch hinzutretende praktische Übung lehren kann[1], kam man dazu, den Historismus auch in der Methode zu überwinden, wie man ihn früher bereits im Lehrstoff überwunden hatte.

So entstand jene Methode, die zwar noch immer das juristische Denken lehren wollte, aber darüber hinausgehend auch zum praktischen Handeln zu erziehen strebte. So kamen die Übungen auf, die zwar schon früher abgehalten[2], doch nun eine so bedeutende Stellung im Lehrplan der Universitäten erhielten, daß die Frage manchmal nicht unberechtigt erschien, ob hier nicht des Guten etwas zu viel verlangt und geboten würde, ob hier nicht das Systematische im Unterricht Gefahr liefe, außer acht gelassen zu werden gegenüber dem Versuch, induktiv aus der Kasuistik des Lebens heraus die Bildung des Anfängers durchzuführen.

Nach vierfacher Richtung hin, fassen wir das Ausgeführte nochmals kurz zusammen, haben sich die Verhältnisse im Rechtsunterricht in den letzten fünfzig Jahren verändert[3]. Der Lehrstoff ist erweitert und modernisiert; die Bedeutung des akademischen Unterrichtes hat sich

---

1) Vergl. Fischer, Der Rechtsunterricht und das Bürgerliche Gesetzbuch S. 7.

2) Vergl. z. B. Wach, 25. Deutscher Juristentag Bd. II S. 8f.

3) Vergl. auch Leonhard, Deutsche Juristenzeitung Bd. V S. 325.

gehoben, und endlich hat die Methode des Unterrichtes sich in sofern umgestaltet, als der Unterricht selbst mehr praktische Tendenzen angenommen hat. Daß die ganze, hier geschilderte Entwicklung noch nicht völlig abgeschlossen ist, mag zugegeben werden. Daß aber der Rechtsunterricht der heutigen Zeit ein durchaus anderer ist als der vor hundert Jahren, kann nicht geleugnet werden. Und das hat auch bereits heilsame Wirkungen ausgelöst: denn einmal wird von seiten der Praktiker immer mehr zugegeben, daß die Universitätsausbildung eine bessere, zweckentsprechendere geworden ist [1]. Ja, der von uns vorhin erwähnte Gegensatz zwischen Theorie und Praxis fing in dem Moment an überlebt zu sein, in dem die Theorie zum Recht des Lebens und der Gegenwart als zu ihrem eigensten Objekte zurückkehrte [2]. Auf der anderen Seite hat der Fleiß der juristischen Studenten zweifellos mit der Veränderung der Verhältnisse zugenommen, wie wir noch sehen werden, während der Unfleiß, will man der Literatur früherer Zeit Glauben schenken, unter dem alten Lehrgang immer schlimmer wurde und in einer so erschreckenden Weise zugenommen hatte, daß man in der Tat erstaunen muß, wenn damals überhaupt noch Vorlesungen zustande kamen [3].

1) Vergl. z. B. die Verhandlungen des 2. preußischen Richtertages S. 15, 36, 51 und a. a. O.

2) Es ist interessant zu beobachten, wie unter den früheren Verhältnissen die Praxis selbst es am bittersten empfand, von der Theorie so gänzlich im Stich gelassen zu sein. Vergl. die in dieser Hinsicht durchaus zutreffenden Klagen Hagens, Juristisches Studium S. 22ff. darüber, daß es keine Wissenschaft des rheinischen Rechtes gäbe.

3) Vergl. z. B. Pape, Aphoristische Bemerkungen über Einzelrichter usw. S. 36, 47; Hälschner, Juristisches Studium S. 18; Goldschmidt, Dreijähriges Studium der Rechts- und Staatswissenschaften S. 22ff.; v. Liszt, Reform des juristischen Studiums S. 15f.

II.

Und doch, auch heute noch, trotz allen diesen Änderungen in Methode und Lehrstoff, trotz dieser nach vielfacher Hinsicht hin verbesserten Lage der Dinge existiert das Problem der Reform des juristischen Unterrichtes noch immer, und zwar, wie ich sofort betonen möchte, als eines der komplexesten, die man sich denken kann. Das haben uns unsere anfänglichen Ausführungen gezeigt, das beweisen namentlich die dort erwähnten, andauernden Klagen über unser Juristenpersonal und über den Formalismus in unserer Rechtsprechung, das zeigen ferner die Beschwerden über den Unfleiß der studierenden Jugend, die nicht verstummen wollen. So können wir denn auch konstatieren, daß in der Literatur und in der Tagespresse die Frage stets von neuem ventiliert wird, daß sie von Vereinen als solchen studiert wird, ich erinnere an die Verhandlungen des preußischen Richtervereines [1], an den neugegründeten Verein für Hochschulpädagogik [2]. In den parlamentarischen Körperschaften des Reiches und der Einzelstaaten wird sie fast alljährlich behandelt, die Ministerien befassen sich mit dem Problem, ich darf auf die Konferenzen verweisen, die jüngst im preußischen

1) Vergl. die Verhandlungen der 2. Tagung 1910.

2) Das Problem bildete einen Gegenstand der Tagesordnung seiner ersten Jahresversammlung 1910.

Justizministerium abgehalten worden sind[1]. Gelöst ist also die Frage jedenfalls noch nicht, und wenn es ja nun allerdings auch Probleme gibt, die als solche in absoluter Weise überhaupt nicht gelöst werden können, weil sie nur eine historisch bedingte, mithin relative Lösung vertragen, so muß doch versucht werden, an dieser relativen Lösung mitzuarbeiten, und zu dieser Arbeit dürfte wohl gerade in erster Linie der Dozent mitberufen sein. Denn sicher ist niemand wie er in der Lage, die einschlägigen Erfahrungen zu machen, die er dann verwerten muß im positiven wie im negativen Sinne. Allerdings ist aber bei einer solchen Mitarbeit erforderlich, daß man den Stand der Frage vorher auf das genaueste prüft. Denn man läuft sonst die doppelte Gefahr, einmal das bereits und vielleicht besser Gesagte nur einfach zu wiederholen, ohne es zu ahnen, ferner das Problem nicht in seiner Totalität zu erkennen. Die Gefahr rein subjektiver Behauptung ist hier eine überaus große und kann, und auch das bloß zum Teil, nur vermieden werden durch eine kritische Behandlung der Frage[2].

---

1) Vergl. Deutsche Juristenzeitung Bd. XV S. 1338ff.

2) Richtig bemerkt Waller, Rechtsstudium und Referendariat S. 4: „Was an Kritik des Bestehenden, was an Reformvorschlägen da noch weiter vorgebracht wurde, das alles ist vor 10, 20 und 30 Jahren von Männern wie Gneist, Gierke, Dernburg, Goldschmidt, Wach und anderen schon weit besser gesagt worden. Daß so wenig noch erreicht wurde, beweist die Schwierigkeit des Problems. Seine Lösung läßt sich nicht in empirischen Versuchen finden. Gewiß ist auch heute zu einem Fortschritt die öffentliche Diskussion und die Anteilnahme weitester Kreise nötig. Zu einem Urteil aber gehört auch für sie die Möglichkeit, den Stand der Frage in ihrem ganzen Umfange zu übersehen. Meinungsäußerungen, die dieser Grundlage entbehren, können nicht helfen, Positives zu schaffen.“ Vergl. auch schon Goldschmidt, Rechtsstudium und Prüfungsordnung S. 293.

Aber freilich, wenn wir uns die einschlägige Literatur ansehen (und es existiert eine außerordentlich umfangreiche, namentlich nach der methodologischen Seite hin auch äußerst wertvolle Literatur[1]), so sehen wir,

---

1) Verzeichnisse der älteren Literatur bis 1887 finden sich bei v. Liszt, Reform des juristischen Studiums S. 11 Anm. 1, und ferner Ein Wort aus der Praxis, Gegenwart und Zukunft des deutschen Juristenstandes S. 4 Anm. 1. Ich führe folgende weitere Literatur an:

Pape, Aphoristische Bemerkungen über Einzelrichter usw. 1859.
Hagen, Das juristische Studium 1859.
— Die Umgestaltung der juristischen Ausbildung, eine Hauptforderung jeder Justizreform 1868.
— Ein Beitrag zur Frage der Reform des juristischen Bildungswesens in Österreich von einem Praktiker 1886.
Ortloff, Reform des Studiums der Rechts- und Staatswissenschaften 1887.
Pann, Zur Reform des juridischen Studien- und Prüfungswesens 1887.
Nowack, Reform der juristischen Studien 1887.
— Gutachten und Anträge zur Reform der juristischen Studien. Erstattet von den rechts- und staatswissenschaftlichen Fakultäten der österreichischen Universitäten 1887.
Burckhard, Zur Reform der juristischen Studien 1887.
Reuling, Zur Reform der juristischen Studienordnung 1887.
Gneist, Aphorismen zur Reform des Rechtsstudiums in Preußen 1887.
Stammler, Über die Methode der geschichtlichen Rechtstheorie 1888.
Grünhut, Grünhuts Zeitschrift Bd. XVIII S. 641 ff.
Ehrenberg, Die deutsche Rechtsgeschichte und die juristische Bildung 1894.
Meili, Die Gesetzgebung und das Rechtsstudium der Neuzeit 1894.
Friedberg, Die künftige Gestaltung des deutschen Rechtsstudiums nach den Beschlüssen der Eisenacher Konferenz 1896.
Lenel, Das BGB. und das Studium des römischen Rechtes 1896.
Petri, Zur Reform der juristischen Vorbildung 1897.
Ignotus, Der neue Plan für das juristische Studium in Preußen 1902.
Ortloff, Zwischenprüfung oder Zwischenzeugnis im Rechtsstudium? 1902.
Krückmann, Archiv für bürgerliches Recht Bd. XIX S. 1 ff.
Baumann, Für freie Universitäten neben den Staatsuniversitäten 1907.
Hanausek, Die Reform der juristischen Studien und Prüfungen 1907.

daß feste, einheitliche Gedanken bis auf etwa zwei nicht existieren. Eine Flut differentester Reformvorschläge mehr oder weniger subjektiver Natur strömt uns entgegen, aber über die wichtigsten Punkte, ja selbst über die Voraussetzungen, welche die ganze Frage bedingen, gehen die

---

O. Fischer, Jherings Jahrbücher Bd. LIV S. 303ff.
v. Amira, Wie studiert man Rechtswissenschaft? 1909.
Zitelmann, Die Vorbildung der Juristen 1909.
Hanausek, Zur Reform der juristischen Studien. Kritische Bemerkungen und Vorschläge 1909.
Wieland, Historische und kritische Methoden der Rechtswissenschaft 1910.
Waller, Rechtsstudium und Referendariat 1910.
Kaufmann, Die juristischen Fakultäten und das Rechtsstudium 1910.
Jakoby, Juristische Wochenschrift 1910 S. 261ff.
Mittermaier, Wie studiert man Rechtswissenschaft? 1910.
Grueber, Die Vorbildung der Juristen und ihre Reform 1910.
Zacharias, Gedanken eines Praktikers zur Frage des „Juristischen Modernismus" 1910.
Pabst, Ein Beitrag zur Reform des juristischen Studiums 1910.
Hellwig, Zeitschrift für Zivilprozeß Bd. XL S. 519ff.

Ferner erwähne ich die Verhandlungen des 25. Deutschen Juristentages Bd. II S. 3ff. (Wach), S. 88ff. (Unger), S. 223ff., Bd. III S. 1ff., S. 77ff. (Kahl), S. 130ff.; 26. Deutscher Juristentag Bd. II S. 148ff. (Rosin), S. 263ff. (Hiller), Bd. III S. 120ff.; Verhandlung der Internationalen Kriminalistischen Vereinigung, Deutsche Landesgruppe, Mitteilungen der I. K. V. Bd. IX S. 54ff.; 14. Deutscher Anwaltstag S. 10ff.; 2. Preußischer Richtertag S. 15ff. Die sämtlichen in der Tagespresse wie in den Zeitschriften zerstreuten Artikel hier zusammenzustellen, würde zu weit führen. Ich greife die beiden angesehensten Fachblätter allgemeinen Inhaltes heraus und zitiere hier die Aufsätze von Eck, Strohal, v. Blume, Stölzel, Lenel, Stammler, Biermann, Leonhard, Hamm, Seckel, v. Liszt u. a. m.: Deutsche Juristenzeitung Bd. I S. 145ff., 245ff., 289ff., 369ff., 389ff., 453ff., 456ff., Bd. II S. 271ff., Bd. V S. 325ff., Bd. VI S. 57ff., 103ff., Bd. VII S. 57ff., 81ff., 129ff., 185ff., Bd. X S. 825ff., Bd. XII S. 20ff., Bd. XIII S. 34ff., Bd. XIV S. 452ff., 505ff., 729ff., 1058ff., Bd. XV S. 1338ff.; Das Recht Bd. IV S. 362ff., Bd. VI S. 277ff., Bd. X S. 1281ff., Bd. XI S. 281ff., 413ff.; endlich vergl. noch Österreichische Gerichtszeitung 1908 S. 157ff., 205ff.

Ansichten weit auseinander. Und eine ungefähre, wenn auch keineswegs vollständige Übereinstimmung herrscht nur hinsichtlich der Postulate: Verlängerung der Studienzeit[1] und einheitliche Regelung der einschlägigen Verhältnisse für ganz Deutschland, wobei allerdings hinsichtlich des letzten Punktes die Ansichten über das Wie beträchtlich auseinandergehen[2].

Schon der Ausgangspunkt, von dem aus in der Literatur das Problem behandelt wird, ist ein verschiedener und, wie bereits erwähnt, keineswegs unbestrittener. Die einen ventilieren weniger die Frage, ob sich der augenblickliche Zustand bewährt habe oder nicht, sondern prüfen schlechthin die Möglichkeit seiner Verbesserung resp. die Notwendigkeit seiner Abänderung[3]. Die anderen dagegen (und das dürfte wohl die überwiegende Mehrzahl der Schriftsteller sein) gehen von symptomatischen Anzeichen der Nichtbewährung der herrschenden Studieneinrichtungen aus, von dem Unfleiß der Studierenden, ihrer Kollegflucht und dem immer mehr aufblühenden Repetitorenwesen.

Allerdings ist dieser zweite Ausgangspunkt nicht völlig unbestritten. Es herrschte zwar bis, sagen wir einmal, etwa 1880 die einstimmige Ansicht[4], daß in der Tat namentlich in den ersten Semestern der Unfleiß der Juristen ein auffallend großer sei, so daß das Nichtstudieren

1) Hiergegen hat sich aber bekanntlich unter anderem v. Jhering, Scherz und Ernst in der Jurisprudenz 10. Aufl. S. 369f. ausgesprochen.

2) Vergl. hierzu weiter unten S. 40 ff.

3) Hierher gehört natürlich der größte Teil der anläßlich der Einführung des BGB. entstandenen Literatur.

4) Vergl. etwa Goldschmidt, Dreijähriges Studium der Rechts- und Staatswissenschaften S. 22ff.; Ortloff, Reform des Studiums der Rechts- und Staatswissenschaften S. V; v. Liszt, Reform des juristischen Studiums S. 15f. und viele andere mehr.

während der Anfangssemester geradezu als Regel erscheine, woraus dann für die Examenssemester Ausbildung durch den Repetitor sich als notwendige Folge ergebe. Allein seit etwa 1880 mehren sich die Stimmen, die da behaupten, der Jurist sei nicht unfleißiger als ein anderer Student, und seit 1900 ist immer mehr eine Wendung zum Besseren, ja zum Guten konstatiert worden, allerdings unter Hinweis darauf, daß der Student die Übungen frequentiere, die systematischen Vorlesungen aber immer noch stark vernachlässige[1]. Aber abweichende Stimmen haben sich doch auch, und zwar vernehmlich genug, hören

---

1) Vergl. bereits G. Meyer, 14. Deutscher Juristentag Bd. III S. 220; ferner Münchener Allgemeine Zeitung 1886 No. 246–248; Dernburg, Die Reform der juristischen Studienordnung S. 5. Vergl. ferner Verhandlungen der Internationalen Kriminalistischen Vereinigung, Mitteilungen Bd. IX S. 92; 25. Deutscher Juristentag Bd. II S. 7 (Wach), Bd. III S. 93 (Kahl); 26. Deutscher Juristentag Bd. II S. 182, 203 (Rosin), Bd. III S. 125, 142f., 151 (Enneccerus, v. Blume, Degenkolb). Interessant sind hierbei die Gründe, die zur Erklärung des steigenden Fleißes der Studierenden hervorgehoben werden, und die man übereinstimmend in der Einführung des BGB. und in dem Aufkommen der Übungen sieht, bei denen übrigens stets der Fleiß der Studierenden konstatiert worden ist (vergl. Meyer l. c. S. 220; ferner auch v. Liszt, Reform des juristischen Studiums S. 26). Vergl. statt aller anderen Rosin l. c. S. 182f.: „Nun muß es aber konstatiert werden, daß gerade in neuerer Zeit zweifellos nach meinen eigenen wie auch nach den Beobachtungen anderer das Gleichgewicht zwischen Arbeit und Jugendgenuß sich auch bei unseren Juristen ohne Zwischenexamen energisch herzustellen beginnt. Die größere Fülle des anzueignenden und geistig zu durchdringenden Stoffes, die mit unseren großen Reichsgesetzen und namentlich dem BGB. eingetretene Vermehrung des unmittelbar praktischen Rechtes, damit verbunden die größere Ausdehnung der praktischen Übungen: alles das hat bei unseren Studenten das Bewußtsein der Notwendigkeit, das ihnen in den Hörsälen Gebotene bald und entschieden sich zu eigen zu machen, gesteigert. So kann ich nur unterschreiben, was Kahl auf dem letzten Juristentag gesagt hat: Unser juristischer Student ist in der Gegenwart nicht mehr typisch faul.“

lassen. Und namentlich ist es der Alarmruf Zitelmanns gewesen, der durch seine düsteren Schilderungen der augenblicklich an den Universitäten herrschenden Verhältnisse das Augenmerk aller denkenden Juristen wieder auf diesen Punkt gelenkt hat. Sagt doch Zitelmann offen [1], daß die juristischen Fakultäten als Lehranstalten heute ihren wesentlichen Zweck verfehlen, da die Studierenden in der Mehrzahl von den Lehreinrichtungen und Lehrmitteln der Universität keinen oder doch nur einen mangelhaften Gebrauch machen. Und ähnliche Klagen tönen laut auch von anderer Seite [2], so auch von Österreich herüber [3].

Man könnte nun versucht sein, Zitelmanns Urteil als durch lokale Erfahrungen in Bonn beeinflußt zu sehen. Und in der Tat spricht manches hierfür. Wäre es doch eine ebenso verfehlte wie oberflächliche Betrachtungsweise, wollte man etwa die englischen Universitätsverhältnisse beurteilen und bewerten nach Erfahrungen, die aus den Verhältnissen in Oxford und Cambridge resultieren. Denn wie Oxford und Cambridge im englischen, so nimmt doch eben Bonn im deutschen Universitätsleben eine durchaus eigenartige Stellung ein [4]. Allein was die Zitelmannschen

---

1) Die Vorbildung der Juristen S. 8.

2) Ortloff, Zwischenprüfung S. 17; Kaufmann, Die juristischen Fakultäten und das Rechtsstudium S. 3f.; Jacoby, Juristische Wochenschrift 1910 S. 261; Hellwig, Zeitschrift für Zivilprozeß Bd. XL S. 519.

3) Die Gutachten der Universitäten zur Reformfrage von 1887 enthalten ein reiches Material, ebenso die Enquete der Österreichischen Gerichtszeitung 1908 S. 157ff., 205ff. Vergl. namentlich auch die Eingabe der Wiener Studenten von 1907, abgedruckt bei Hanausek, Reform der juristischen Prüfungen S. 10f. Allerdings sind die Gründe für den Unfleiß der österreichischen Juristen zum großen Teil andere, als sie bei uns angenommen werden könnten.

4) So schon Goldschmidt, Rechtsstudium und Prüfungsordnung S. 275.

Ausführungen doch sehr ernst zu nehmen heißt, ist ein doppeltes Moment: Einmal wird von den verschiedensten Seiten betont, daß der Fleiß unserer Studenten sich in erster Linie auf die Übungen beziehe, daß er aber nur sehr vermindert in bezug auf die systematischen Vorlesungen vorhanden sei. Und daß in der Tat der Student eine stärkere Neigung für Übungen bekundet, haben mir meine persönlichen Erfahrungen auch stets bestätigt[1]). Und dann, die Tatsache wird allgemein zugegeben und kann auch gar nicht geleugnet werden, daß das Repetitorenwesen heute einen Umfang, eine Bedeutung angenommen hat, die es früher denn doch nicht in diesem Grade besessen hat[2]. Und selbst, wenn man, wie ich, annimmt, daß der Fleiß auch der jüngeren Studenten zurzeit keineswegs ein so geringer ist, wie Zitelmann vermeint[3], so müßte doch schon die zweitgenannte Tatsache uns dazu führen, nach den Gründen ihrer Erscheinung zu fragen, damit wir das beseitigen können, was wir nach unserem Standpunkt für ein Übel halten müssen[4].

Gehen wir nun aber von dem nicht genügenden

---

1) Vergl. die beachtenswerten Ausführungen v. Bars, Recht Bd. IV S. 362f. So auch schon v. Liszt, Die Reform des juristischen Studiums S. 26 in Verbindung mit S. 17f.

2) Über diesen Punkt herrscht im wesentlichen Einverständnis. Zitate erübrigen sich. Wohl aber dürften genauere statistische Erhebungen hier sehr am Platze sein, soweit sie sich überhaupt durchführen lassen.

3) Vergl. dazu weiter oben S. 22 ff.

4) Interessant und dankenswert ist es, daß augenblicklich von dem Verein für Hochschulpädagogik der Versuch gemacht werden soll, wirklich verläßliches Material über den Kollegbesuch der Juristen zu sammeln, ein Versuch, der hoffentlich zu einem guten Ende führt, trotz der Schwierigkeiten, die ihm aus naheliegenden Gründen entgegenstehen.

Fleiß der Studierenden, von dem ständig um sich greifenden Repetitorenwesen als einer Tatsache aus, so hat man diese Tatsache auf die verschiedenste Art und Weise zu erklären versucht und dementsprechend die abweichendsten Vorschläge für eine Reform der augenblicklichen Verhältnisse und Einrichtungen gemacht. Allerdings ist man dabei einer naheliegenden Gefahr nicht immer entgangen, und man hat häufig einen Fehler gemacht, der ja auch sonst im Leben nicht allzu selten vorkommt: Man hat ein komplexes Problem einseitig erfaßt und hat es einseitig von irgendeinem beschränkt gewählten Ausgangspunkt zu lösen versucht, womit man dann natürlich auch nur zu einer einseitigen Lösung kommen konnte[1]. Daß aber in der Tat das ganze Problem, das uns hier beschäftigt, ein äußerst verzweigtes und umfassendes ist, daß der nicht hinreichende Fleiß der Studierenden, die Vernachlässigung ihrer Studienpflichten auf einer ganzen Reihe innerlich sehr verschiedener Gründe beruht, daß aber endlich nur bei einer Berücksichtigung sämtlicher in Betracht kommenden Momente eine Reform von Dauer wird geschaffen werden können[2], das sollen und werden, wie ich hoffe, unsere nachfolgenden Ausführungen beweisen.

Soweit ich nun sehe, lassen sich die in der Literatur ausgesprochenen Ansichten in drei große Kategorien

---

1) Durchaus zutreffend Waller, Rechtsstudium und Referendariat S. 4 f.

2) Insoweit ist Kipp, Deutsche Juristenzeitung Bd. XIV S. 452 f. zuzustimmen, wenn er energisch mehr Stetigkeit und Ruhe in der Entwicklung verlangt. In der Tat ist es des einseitigen Herumexperimentierens an Lehrplan und Examen übergenug. Was not ist, ist eine umfassende, möglichst objektive Untersuchung der ganzen Frage und eine hierauf aufgebaute Gesamtreform.

trennen[1]. Dabei mögen die Ansichten außer acht gelassen werden, die wohl auch gelegentlich ausgesprochen sind, daß die Universitätszeit überhaupt gar nicht dem Studium zu dienen habe, sondern ganz anderen Zwecken, eine Ansicht, deren Grundauffassung dahin geht, daß der Unfleiß unserer juristischen Studenten nicht nur erklärlich, sondern auch völlig unschädlich, ja berechtigt sei[2]. Daß diese Auffassung jedenfalls mit der des Gesetzes unvereinbar ist, beweist die Existenz des § 2 Abs. 2 GVG., dessen Anordnung eines mindestens dreijährigen Studiums sonst durchaus unverständlich wäre.

Lassen wir diesen utrierten, ich möchte sagen Herrenstandpunkt im folgenden gänzlich unberücksichtigt, wie er es verdient, so geht die erste der erwähnten drei Ansichten von der Mangelhaftigkeit der Lehreinrichtungen aus. Die Vertreter derselben suchen also die Schuld für den geringen Fleiß der Studierenden bei der Universität, deren Reform sie nach den verschiedensten Richtungen hin anstreben. Sie machen daher nicht etwa dem Studenten einen Vorwurf aus seinem Unfleiß, sondern sie betrachten diesen als eine natürliche Folgeerscheinung bestimmter Tatsachen, deren Abänderung sie postulieren. Worin aber die Mängel der Einrichtungen bestehen sollen, darüber, wie gesagt, gehen die Meinungen weit auseinander.

Am leichtesten machen es sich hier die, die einfach den Fehler in der Persönlichkeit des Dozenten oder doch

---

1) Daß sich in den einzelnen Schriften die ausgesprochenen Ansichten nicht immer genau unter die eine oder die andere der Kategorien subsumieren lassen, kann hier außer acht gelassen werden. Denn es ändert nichts an der entscheidenden Tatsache, daß sich drei wesentlich verschiedene Gedanken in der Literatur nachweisen lassen.

2) Vergl. die trefflichen Ausführungen Stammlers, Recht Bd. VI S. 277f.; ferner v. Blume, 26. Deutscher Juristentag Bd. III S. 142.

zum mindesten in seiner Vorbildung finden. Man sagt, der gute Dozent werde stets ein gefülltes Auditorium haben[1], man bezweifelt aber, daß der nicht praktisch geschulte Dozent in der Lage sei, eine entsprechende Vorlesung zu halten. Man verlangt daher, daß Voraussetzung der Anstellung als Professor an einer Universität Betätigung in der Praxis, zum mindesten Ablegung des Assessorexamens sein soll[2]. Allein so bedeutungsvoll auch der letzte Vorschlag sein mag (wir werden noch später auf ihn zurückkommen), so übersieht man doch, daß Männer, an deren Lehrfähigkeit gar kein Zweifel bestehen kann, daß Männer wie Zitelmann und Schmoller sich mit am bittersten über den Unfleiß der studierenden Jugend beschwert haben[3,4].

Auf der anderen Seite sieht man den entscheidenden Fehler im Lehrplan der Fakultäten. Der Student, sagt man, verlange Leben und modernes Recht, statt dessen

1) So namentlich Burckhard, Zur Reform der juristischen Studien S. 64: „Dem Lehrer, der zu lehren versteht, werden die Hörer nimmer mangeln, und wenn sie dem anderen fernbleiben, ist es mindestens kein Unglück." Ferner Nowack, Reform der juristischen Studien S. 33f.; Justizrat Goldschmidt, Verhandlungen des 14. Deutschen Anwaltstages S. 12; Gegenwart und Zukunft des deutschen Juristenstandes, Ein Wort aus der Praxis S. 11 ff., 17, 19. Vergl. aber zur Charakteristik der letztzitierten Schrift die trefflichen Ausführungen L. Goldschmidts, Rechtsstudium und Prüfungsordnung S. 403 ff.

2) Man gelangt damit gerade zur Umkehrung des § 4 GVG. Denn während jetzt die Professur zum Richteramt qualifiziert, soll in Zukunft das Richteramt zur Professur qualifizieren.

3) Vergl. Rosin, 26. Deutscher Juristentag Bd. II S. 181.

4) Hier entsteht dann auch die vielerörterte Frage über die Doppelstellung der Professoren, ob nämlich die Universitäten in erster Linie der Pflege der Wissenschaft oder den Lehrzwecken dienen, eine Frage, auf die an dieser Stelle natürlich nicht eingegangen werden kann; selbstverständlich aber, so viel sei bemerkt, setzen wir voraus, daß die Universität unter allen Umständen den Lehraufgaben genügen muß, auch wenn diese Aufgaben nicht ihre einzigen sind.

erhalte er das Recht fernster Vergangenheit und Geschichte, immer wieder nur Geschichte. Sei er, des ewigen Historismus überdrüssig, endlich den Hörsälen fern geblieben, so komme jetzt erst das moderne Recht, das er aber nun nicht mehr höre, da er sich das Schwänzen angewöhnt habe. Umgestaltung des Lehrplanes, Zurückdrängen des Historischen, stärkere, anfängliche Betonung des modernen, namentlich auch des öffentlichen Rechtes ist das Postulat, zu welchem man hier gelangt[1].

Die zweite Kategorie der in Betracht kommenden Erklärungsversuche geht von der Tatsache des im Anfang selten vorhandenen Interesses zur Sache beim Juristen aus. Hier sieht man also in der Uninteressiertheit des Studenten den letzten Grund seines Unfleißes, und diese Tatsache selbst führt man wieder zurück auf zwei Momente: einmal auf das Unbekanntsein des Anfängers mit dem Stoff, ferner auf die Sprödigkeit eben dieses Stoffes[2]. Auch hier lassen sich viele Differenzierungen der Meinungen und Vorschläge im einzelnen unterscheiden. Man weist darauf hin, daß der Jurist ganz im Gegensatz zu anderen Berufen gar keine Vorkenntnisse, gar keine Vorstellungen über seinen künftigen Beruf von der Schule mitbringt[3]. Man

1) Man vergl. etwa Hoegel, Österreichische Gerichtszeitung 1908 S. 159f.; ferner Verhandlungen des 2. Preußischen Richtertages S. 37, 49; ferner aber auch die interessanten Darlegungen von Stammler, Behandlung des römischen Rechtes S. 22ff.; v. Blume, Deutsche Juristenzeitung Bd. I S. 453f.; Kaufmann, Die juristischen Fakultäten und das Rechtsstudium S. 4ff.; Petri, Zur Reform der juristischen Vorbildung S. 5; insbesondere die verdienstvollen Ausführungen Krückmanns, Archiv für bürgerliches Recht Bd. XIX S. 1ff. Besonders lebhaft neuerdings Kantorowicz, Aschaffenburgs Monatsschrift Bd. VII S. 336 Anm. 2.

2) Leonhard, Noch ein Wort über den juristischen Universitätsunterricht S. 5.

3) Dieser Gedanke ist oft ausgesprochen worden. Vergl. etwa Reuling, Zur Reform der juristischen Studienordnung S. 3; Pann,

will hier den Hebel einsetzen [1], fordert Bürgerkunde auf den Schulen [2] oder gar noch eine besondere Klasse auf den Gymnasien, eine Art Selekta, die die einleitenden Begriffe der Jurisprudenz und damit das Verständnis für dieselbe übermitteln soll [3]. Offenbar übersieht man dabei ein Mehrfaches. Denn einmal ist es keineswegs richtig, daß die Schule für alle anderen Wissenschaften allgemeine Vorstellungen und Anfangsbegriffe übermittelt. Ich erinnere nur an die Medizin, bei der dies gewiß nicht der Fall ist. Ferner entsteht politisches Interesse an staatlichen Einrichtungen doch auch frühzeitig genug und unabhängig von der Schule. Daß damit aber gleichzeitig ein gewisses Interesse und Verständnis für die Wissenschaft der staatlichen Einrichtungen, d. h. für die Rechtswissenschaft geweckt wird, dürfte doch ebenfalls kaum zweifelhaft sein, wie denn auch zweifellos eine ganze Reihe von juristischen Vorstellungen bereits vor dem Eintritt in die Universität durch das tägliche Leben gewonnen werden. Man denke nur an zahlreiche Begriffe des Strafrechtes, die doch, wenn auch nicht ihrem streng technischen Inhalt nach, so doch jedenfalls in ihrer allgemeinen Bedeutung generell bekannt und verständlich sind.

Zur Reform des juristischen Studien- und Prüfungswesens S. 22; neuerdings Krückmann, Archiv für bürgerliches Recht Bd. XIX S. 3; Zitelmann, Vorbildung der Juristen S. 13.

1) Burckhard, Zur Reform der juristischen Studien S. 6 ff.

2) Glock, Deutsche Juristenzeitung Bd. X S. 825; Hamm ebendort Bd. XII S. 23.

3) Ortloff, Zur Reform der Rechts- und Staatswissenschaften S. 1 ff. Im übrigen sei noch betont, daß es nicht richtig ist, wenn man behauptet, der juristische Student brächte nichts für sein Fach von der Schule mit. Schüler eines guten Gymnasiums oder Realgymnasiums besitzen einmal das dem Juristen so unentbehrliche historische Verständnis, ferner die Fähigkeit zum logischen Denken. Beides darf nicht unterschätzt werden.

Andere Schriftsteller gehen dagegen mehr von der Sprödigkeit des zu bewältigenden Materiales aus und wollen entweder die Methode oder den Inhalt des Lehrstoffes praktischer gestalten. Und es sind namentlich die Ansichten erwähnenswert, wonach der Jurist keine Liebe zur Sache haben könne, weil ihm die Anschauung, mithin das wahre Verständnis zur Sache fehle, die der rein theoretische Vortrag, ja selbst die praktische Übung nicht zu geben vermöchte. Hier setzen dann die Versuche ein, Studium und Praxis in eine gewisse Verbindung miteinander zu bringen. Vorschläge in dieser Richtung sind in den verschiedensten Formen gemacht worden. Die einen schlagen eine Vorpraxis vor, d. h. es soll vor das Studium ein kürzerer, rein dem Anschauungsunterricht dienender Vorbereitungskursus, namentlich bei den Amtsgerichten treten, wie wir ihn ähnlich bei der Ausbildung der Forstbeamten haben[1]. Andere verlangen eine Art Nebenpraxis; und zwar soll neben und gleichzeitig mit dem Studium eine praktische Betätigung einhergehen, wobei allerdings die Ansichten bezüglich der Durchführung dieses Gedankens wiederum stark differieren. Einmal nämlich schlägt man vor, die Studenten in den Ferien oder auch sonst unter sachkundiger Leitung an den Gerichtsverhandlungen teilnehmen zu lassen[2], auf der

1) So unter anderen Jhensen, Reformvorschlag zum Rechtsstudium S. 2; ferner namentlich Kitz, Deutsche Juristenzeitung Bd. XIV S. 729 ff.; Hamm, ebendort Bd. XII S. 20 ff.; 2. Preußischer Richtertag S. 51 ff.; ferner Holtgreven, Recht Bd. X S. 1281 ff.; Bozi, Recht Bd. XI S. 413 ff.; de Niem, 2. Preußischer Richtertag S. 56 ff.

2) So z. B. Lohmann, 2. Preußischer Richtertag S. 60. Ähnlich auch schon die Anregung Laskers bei der Beratung des GVG. Vergl. Hahn, Materialien Bd. I Teil 1 S. 374 ff. Ähnliche Vorschläge erwähnt Pann, Reform des Studienwesens S. 30 Anm. 16; ferner Wort aus der Praxis, Gegenwart und Zukunft des Juristenstandes S. 57.

anderen Seite will man die bereits bestehenden unentgeltlichen Rechtsauskunftsstellen in eine Art juristische Kliniken umwandeln, in denen die Studenten, wiederum natürlich unter sachkundiger Leitung, sich lernend betätigen sollen[1]. Endlich wird auch eine Zwischenpraxis verlangt, d. h. man schlägt vor, das Studium selbst in zwei Teile zu zerlegen, zwischen die ein praktischer Vorbereitungskursus bei den Gerichten treten soll, wobei man dann entweder das Studium nach Fächern auf die beiden Stadien zerteilen will[2]), oder in dem ersten Teil nur einen propädeutischen Gesamtüberblick geben, in dem zweiten Teil dagegen erst die Einzelmaterien speziell behandeln will[3]. Am weitgehendsten endlich ist ein Vorschlag, der kürzlich gemacht worden ist: danach soll eine kurze Zwischenpraxis das ganze Referendariat ersetzen, das als solches zu beseitigen wäre. Damit wäre dann die gesamte Ausbildung der Juristen

1) So namentlich Frommhold, Deutsche Juristenzeitung Bd. V S. 448 ff. Mit diesem Vorschlag darf nicht etwa der durchaus verschiedene Vorschlag verwechselt werden, die Übungen klinisch zu behandeln, also Entscheidungen und Fälle auf ihre Richtigkeit hin zu prüfen, ein Vorschlag, der ebenfalls in den verschiedensten Formen gemacht worden ist. Vergl. z. B. Praktiker, Reform des juristischen Bildungswesens in Österreich S. 12 f.; Reuling, Zur Reform der juristischen Studienordnung S. 7 f. Den dort geschilderten Versuch, einfache Fälle mit den Anfängern ohne Rücksicht auf Vorkenntnisse von Anfang an neben den systematischen Vorlesungen zu besprechen, habe ich in letzter Zeit selbst gemacht, scheinbar nicht ohne Erfolg. Das beste Beispiel klinischer Vorlesungen sind die bekannten Stölzelschen Vorlesungen vom Winter 1893/1894. Vergl. dessen Schulung für die zivilistische Praxis 1. Aufl. S. 357 ff.

2) So namentlich Dernburg, Reform der juristischen Studienordnung S. 22 ff.

3) So namentlich Zitelmann, Deutsche Juristenzeitung Bd. XIV S. 505 ff.; Vorbildung der Juristen S. 7 ff.; im Anschluß an Zitelmann Kaufmann, Juristische Fakultäten und Rechtsstudium S. 1 ff., insbesondere S. 30 ff.

wieder in die Hände der Universität gelegt, in denen sie sich ja in früheren Zeiten ausschließlich befunden hat[1].

Auf einem der zu Eingang unserer Ausführungen erwähnten Auffassung diametral entgegengesetzten Standpunkt steht die dritte Kategorie von Ansichten, der wir uns schließlich zuzuwenden haben. Sie erklärt den Unfleiß der Studierenden einfach für einen Fehler der letzteren, also mit anderen Worten für Faulheit, die zurückgeführt wird auf der einen Seite auf das Überwuchern des Korporationswesens[2], auf der anderen Seite auf jugendlichen Leichtsinn, jugendliche Unreife[3]. Hiergegen versucht man Abhilfe zu schaffen. Da gehen dann am rigorosesten die vor, die die akademische Freiheit beseitigen oder beschränken wollen, sei es, daß sie einen direkten Besuchszwang für alle Vorlesungen[4] oder nur für bestimmte Vorlesungen, also namentlich die Übungen vorschlagen[5], sei es, daß sie auch nur den Besuch der Vorlesungen seiner Häufigkeit und Regelmäßigkeit nach einer dauernden Kontrolle unterwerfen wollen[6].

---

1) Waller, Rechtsstudium und Referendariat S. 28 ff. Waller geht bei seinem radikalen Reformvorschlag von der Grundidee aus S. 29: „Die Reform muß unsere Rechtsfakultäten wieder zu dem machen, was sie sein sollen, zu den alleinigen Lehrstätten der Rechtswissenschaft.“ „Die Trennung von Universitätsstudium und Referendariat muß fortfallen.“

2) Vergl. die scharfen Ausführungen von Ortloff, Reform des Studiums S. V, Zwischenprüfung S. 17; ferner Umgestaltung der juristischen Ausbildung S. 6 f.

3) Vergl. die bitterbösen Bemerkungen Schmollers, Jahrbuch für Gesetzgebung Bd. X Heft 2 S. 287 f.; v. Schulte, Aufgabe und Reform des juristischen Studiums S. 16 f.

4) So z. B. Jhensen, Reform-Vorschlag zum Rechtsstudium S. 2.

5) So z. B. Gustav Rümelin, Jahrbuch für Gesetzgebung Bd. X Heft 4 S. 75, der S. 79 offen zugibt, daß sein Vorschlag eine Einschränkung der akademischen Freiheit enthalte.

6) So z. B. Schmoller l. c. S. 287 f., allerdings mit der Verwahrung: „die akademische Freiheit wäre erhalten, sie hätte nur das

Andere schlagen nur Zwangsübungen[1] vor, andere auch Zwangsvorlesungen[2], wie ja solche in mehreren Staaten Deutschlands in geringerem oder größerem Umfang bereits existieren[3]. Hier soll also nur ein Zwang zum Belegen der in Betracht kommenden Vorlesungen eingeführt werden, während man einen Zwang zum Besuch, eine Kontrolle des Besuches nicht wünscht.

Wieder andere sehen den Grund des Übels in dem zu leichten oder auch zu späten Examen, das den Abschluß der Studien gemäß § 2 Abs. 2 GVG. bildet[4]. Und gerade die Vorschläge, die man in dieser Hinsicht gemacht hat, sind wohl die wichtigsten, wohl aber auch die differentesten. Denn die Vertiefung und Verschärfung der Prüfung, die man von allen Seiten anstrebt, werden auf die verschiedenste Art zu erreichen versucht, je nach der grundlegenden Auffassung, die man von den Mängeln der heutigen Einrichtungen hat. So müssen wir auch

---

Korrektiv einer gewissen Publizität der Faulheit erhalten." Ein reiches Material zu der ganzen Frage enthalten auch die Gutachten der österreichischen Universitäten von 1887 zur Reform der juristischen Studien. Interessant ist, wie gleich hier bemerkt werden mag, daß sich eine Kontrolle durch Verlesen der Namen und Ähnliches mehr in Österreich weder als durchführbar noch als wirksam, den Fleiß zu heben, erwiesen hat. Vergl. z. B. Gutachten S. 15.

1) Literatur über diesen Punkt anzuführen, dürfte sich erübrigen. Vergl. nur z. B. Jhering, Scherz und Ernst in der Jurisprudenz 10. Aufl. S. 367 f., 371; ferner Rümelin l. c. S. 73 ff.

2) Vergl. die Verhandlungen des 26. Deutschen Juristentages Bd. III S. 120 ff.

3) Sachsen, Baden, Bayern, Mecklenburg und Oldenburg kennen Zwangsvorlesungen, Preußen, Hessen, Thüringen, Braunschweig, Lübeck, Hamburg, Elsaß-Lothringen, Baden, Mecklenburg und Oldenburg kennen Zwangsübungen. Stets besteht aber der Zwang nur zum Belegen. Vergl. Mittermaier, Wie studiert man Rechtswissenschaft? S. 91.

4) G. Meyer, Studium des öffentlichen Rechtes S. 20 f.

hier, wollen wir wenigstens die wichtigsten Punkte kurz hervorheben, die einzelnen Ansichten auseinanderhalten.

Auf der einen Seite weist man nämlich darauf hin, daß das Examen der Art und Weise nach, wie es abgehalten werde, seinen Zweck nicht erfüllen könne. Denn es sei keine Garantie gegeben, daß die sämtlichen Fächer auch wirklich geprüft würden, mit Ausnahme natürlich des prävalierenden Privatrechtes. Man verlangt mithin Gewähr dafür, daß die sämtlichen, gesetzlich festzulegenden Examensfächer tatsächlich geprüft werden, sei es nun, daß man die Prüfung nach Art der medizinischen Examina in Stationen zerlegt [1], sei es, daß man für eine Gesamtprüfung mehr Zeit zur Verfügung stellt, als dies jetzt geschieht [2]. Andere Vorschläge zielen weniger darauf ab, die Prüfung vielseitiger zu gestalten. Sie gehen vielmehr davon aus, daß ein Examen doch stets nur partiell sein kann [3], sie wollen aber eine Vertiefung und damit denn

1) Unter anderen bereits Gierke, 14. Deutscher Juristentag Bd. I S. 14 ff.; Gneist, ebenda S. 143 ff. mit zahlreicher Literatur; v. Liszt, Reform des juristischen Studiums S. 43 ff.; Kaufmann, Juristische Fakultäten und Rechtsstudium S. 14 f. Vergl. ferner die außerordentlich interessante Petition der Universität Straßburg an den Reichstag aus dem Jahre 1878, abgedruckt bei Goldschmidt, Rechtstudium und Prüfungsordnung S. 28 ff. Es wird hier ausdrücklich verlangt: „. . . . . . 4) die Fächer, welche Gegenstände der wissenschaftlichen Prüfung sein sollen, sind gesetzlich zu bestimmen, und es ist Fürsorge zu treffen, daß jeder einzelne Kandidat in jedem dieser Fächer der Prüfung unterworfen wird; 5) die mündliche Prüfung muß in wenigstens zwei getrennte Teile (privatrechtliche und historische Fächer — öffentliches Recht und Staatswissenschaften) zerlegt werden, nur derjenige Kandidat darf zur praktischen Vorbildung als Referendarius zugelassen werden, welcher in jeder der beiden Abteilungen das Prädikat ‚bestanden' erhalten hat . . . ."

2) v. Jhering, Scherz und Ernst in der Jurisprudenz 10. Aufl. S. 376.

3) Leonhard, Noch ein Wort über den juristischen Universitätsunterricht S. 17.

doch auch eine Erschwerung herbeiführen, indem sie eine bessere Methode der Prüfung vorschlagen. Nicht die Detailkenntnisse der Kandidaten, sondern ihre Fähigkeit in der Behandlung und Anwendung des Gesetzesstoffes im konkreten Fall, ihre Fähigkeit also zum juristischen Denken solle festgestellt werden[1].

In naher Berührung mit dieser Auffassung steht die weitere Ansicht, die den Sitz des Übels in der unzulänglichen Besetzung und Bildung der Examensbehörden erblickt. Auch hier differieren die Reformvorschläge stark, da man einmal die Prüfung gänzlich den Fakultäten über-

---

1) Auch hierüber treffende Bemerkungen bei v. Jhering l. c. S. 378 f.; Leonhard l. c. S. 18; vergl. ferner noch Pann, Reform des juridischen Studien- und Prüfungswesens S. 44 f.; Hanausek, Reform der juristischen Studien S. 37 f. Ähnliche Gedanken finden sich übrigens bereits in den einzelstaatlichen Prüfungsregulativs. Vergl. z. B. die interessante Bestimmung in den bayerischen Vorschriften für die erste Prüfung vom 6. Juli 1899 (abgedruckt bei Daude, Ordnung des Rechtsstudiums S. 141 ff., 11 ff.) § 54: „Bei dem mündlichen Teile der Prüfung ist insbesondere zu erforschen, ob sich der Kandidat die nötige formale juristische Bildung angeeignet hat. Es ist zwar die vollständige Kenntnis des den Prüfungsgegenstand bildenden Stoffes zu fordern, doch ist auf untergeordnete Einzelheiten nicht einzugehen, sondern mehr darauf zu sehen, ob sich der Kandidat Fertigkeit im juristischen Denken erworben hat und einer freieren Behandlung des Prüfungsstoffes fähig ist. Auf bloßes Gedächtniswerk, das nur für die Prüfung erworben und nach der Prüfung wieder vergessen wird, ist kein ausschließliches Gewicht zu legen.“ Unter formaler Bildung versteht die Verfügung § 5: „Die Kandidaten haben sich auf der Universität nicht nur die nötigen theoretischen Kenntnisse für ihre künftige amtliche Laufbahn zu erwerben, sondern sich auch eine genügende formelle juristische Bildung anzueignen. Sie sollen zu scharfer juristischer Auffassung, zur Selbständigkeit des Urteils, zu einer korrekten juristischen Ausdrucksweise erzogen werden und die nötige Gewandtheit erlangen, um einfachere Rechtsfälle richtig erfassen und logisch richtig bearbeiten zu können.“ Ähnlich auch die Österreichische Ministerial-Instruktion vom 23. Sept. 1896 § 17.

tragen will[1], während man andererseits kein Gewicht darauf legt, ob Praktiker oder Theoretiker prüfen[2]. Die bedeutungsvollste Forderung, die indessen in dieser Beziehung immer und immer wieder aufgestellt ist, ist die, daß zu Examinatoren nur wirkliche Fachleute genommen werden sollen[3]. Und indem man diesen Vorschlag weiter verfolgt hat, ist man schließlich zu dem Gedanken gekommen, die Tätigkeit als Examinator zu einem ständigen und ausschließlichen Beruf zu machen, eine Idee, die man dann in den Einzelheiten auf die mannigfachste Art durchzuführen sich bemüht hat[4].

Bedeutend weitgehender aber sind die Vorschläge derer, die nicht in der Abänderung der ersten Prüfung, sondern in der Einführung eines neuen Examens, einer sogenannten Zwischenprüfung das Mittel zu einer dauernden und wirklichen Besserung der augenblicklichen Studienverhältnisse erblicken. Man will den Fleiß der Studierenden dadurch heben, daß sich dieselben bereits kurz nach Beginn ihrer Studien, also etwa nach dem 3. Semester vor die Notwendigkeit gestellt sehen, von ihren Studien Rechenschaft zu geben[5]. Freilich, wie diese Zwischenprüfung

1) So z. B. Muther, Reform des juristischen Unterrichtes S. 20f.; Kaufmann, Juristische Fakultäten und Rechtsstudium S. 15f. So auch schon Goldschmidt (nicht L. Goldschmidt), 25. Deutscher Juristentag Bd. III S. 102f. Ähnlich auch Zorn, Recht Bd. XI S. 28ff.; Wach, 25. Deutscher Juristentag Bd. II S. 14f., mit der Maßgabe, daß ein Regierungskommissar die Prüfung leiten soll.

2) Gneist, 14. Deutscher Juristentag Bd. I S. 147.

3) v. Liszt, Reform des juristischen Studiums S. 52ff.

4) So namentlich Gneist, 14. Deutscher Juristentag Bd. I S. 148ff., Aphorismen S. 21ff.; ferner v. Jhering, Scherz und Ernst in der Jurisprudenz 10. Aufl. S. 379ff.

5) Auf die Literatur bezüglich der viel ventilierten Frage nach der Zweckmäßigkeit der Zwischenprüfung an dieser Stelle einzugehen, verbietet der Raum. Ich verweise daher nur auf das glänzende Gutachten Rosins zum 26. Deutschen Juristentag (1902) Bd. II S. 148ff.,

im einzelnen zu gestalten sei, darüber gehen die Meinungen wieder weit auseinander. Denn während die einen Erledigung gewisser propädeutischer Materien, namentlich der historischen Fächer, durch die Zwischenprüfung verlangen [1], gehen die anderen von der Idee aus, daß die Rechtswissenschaft keine propädeutischen Fächer kenne, und verlangen ein erstes Examen über den gesamten Stoff, aber nur den Grundlagen nach [2]. Man kann

---

das eine erschöpfende Darstellung des Status causae et controversiae gibt, ferner auf das Gutachten Hillers ebendort S. 263ff. und auf die Verhandlungen Bd. III S. 120ff., die zu einem Beschluß der Abteilung führten, die Zwischenprüfung abzulehnen; ferner verweise ich auf Ortloff, Zwischenprüfung S. 65ff.; Verhandlungen des 2. Preußischen Richtertages S. 16f.

1) So z. B. Kipp, Deutsche Juristenzeitung Bd. VI S. 103ff.; Ortloff l. c. S. 75ff.

2) So namentlich Zitelmann, Vorbildung der Juristen S. 28ff., der auch den Namen Zwischenprüfung vermeidet und von einem Endexamen redet, welches die erste Studienzeit abschließt. Auf diesen Standpunkt hat sich auch der 2. Preußische Richtertag durch Annahme folgender These gestellt (vergl. S. 62, 4): „Der Universitätsunterricht ist in seinem methodischen Aufbau in eine Unterstufe (Grundlegung) und eine Oberstufe einzuteilen. Die erstere wird durch eine frühestens nach Schluß des dritten Semesters stattfindende Zwischenprüfung abgeschlossen.“ Auf den anderen Standpunkt hat sich dagegen die deutsche Landesgruppe der Internationalen Kriminalistischen Vereinigung seinerzeit gestellt, indem sie folgende These annahm (Mitteilungen Bd. IX S. 101): „Es empfiehlt sich, die Dauer des Universitätsstudiums in den Bundesstaaten allgemein auf mindestens 3½ Jahre festzusetzen und eine Zwischenprüfung einzuführen. Diese Prüfung ist vor einer Kommission, welche unter einem von der Zentralbehörde ernannten Vorsitzenden aus Rechtslehrern einer Universität gebildet ist, frühestens nach 3 Semestern abzulegen und hat sich vornehmlich auf die römische Rechtsgeschichte und das System des römischen Privatrechtes, sowie auf die deutsche Rechtsgeschichte und die Grundzüge des deutschen Privatrechtes zu erstrecken.“ Verschärft wurde diese These noch erheblich dadurch, daß ein Zusatzantrag, es solle ein gelegentliches Zurückgreifen auf die Gegenstände der Zwischenprüfung im eigentlichen Referendarsexamen gestattet sein, abgelehnt wurde.

diesen Gegensatz in den Ansichten dahin präzisieren, daß die einen ein Examen in der Propädeutik, die anderen dagegen ein propädeutisches Examen, mithin eine Doublierung des Examens in bezug auf den Stoff postulieren.

Ganz vereinzelt hat man sich übrigens auch nicht einmal mit einer Zwischenprüfung begnügen wollen, sondern hat den Fleiß der Studierenden jedes Semester durch sogenannte Semestralprüfungen auf die Probe stellen wollen, Vorschläge, die allerdings stets von der überwiegenden Majorität a limine abgelehnt worden sind[1] [2].

1) Der Kuriosität halber erwähne ich, daß vereinzelt sogar der Vorschlag der Wochenprüfungen gemacht worden ist; Jhensen, Reformvorschlag zum Rechtsstudium S. 2.

2) Weitere Reformvorschläge betreffen den Ausbau der Prüfungen im einzelnen. Da sie nicht von grundlegender Bedeutung sind, können sie hier unberücksichtigt gelassen werden.

III.

Sie sehen, der kurze Überblick, den wir uns über die in der Literatur vertretenen Auffassungen zu verschaffen versucht haben, hat uns ein buntes Bild gezeigt: eine Fülle von Ansichten und Kontroversen, eine Vielheit interessanter Einzelprobleme, eine Menge richtig hervorgehobener Gesichtspunkte und auch richtig in den heutigen Verhältnissen erkannter Mängel, eine Menge wertvoller Anregungen nach den verschiedensten Richtungen hin. Allein so bunt, ja man möchte hinzufügen, so verworren das Bild auch war, welches ich Ihnen zu skizzieren versucht habe, eine zusammenfassende Betrachtung aller dieser Ansichten und Postulate scheint doch notwendig und geboten zu sein[1]. Denn sonst ist es unmöglich, eine einheitliche Lösung des ganzen Problemes vorzubereiten, eine einheitliche Lösung der Frage für das ganze Reich, sei es im Wege der Gesetzgebung, zu der dem Reich zweifellos die Kompetenz zusteht[2], sei es auch nur im Wege der vertraglichen Vereinbarung zwischen den Einzelstaaten[3]. Oft ist diese einheitliche Regelung

1) Treffend Waller, Rechtsstudium und Referendariat S. 4.

2) Vgl. die trefflichen Ausführungen Rosins, 26. Deutscher Juristentag Bd. II S. 179f.

3) Vgl. Waller, Rechtsstudium und Referendariat S. 12; ferner die Gutachten von Gierke und Gneist auf dem 14. Deutschen Juristen-

aller der im Vorstehenden erwähnten Fragen für Deutschland postuliert worden[5], oft hat es den Anschein gehabt, als ob das erstrebte Ziel in Bälde erreicht werden sollte. Aber bis jetzt ist es noch nicht erreicht worden[1]. Ja es hat sogar den Anschein, als ob wir augenblicklich ferner denn je von seiner Verwirklichung wären. Dabei hat die partikularistische Differenzierung in den Einzelstaaten — auf die Schilderung der tatsächlichen Verhältnisse kann ich mich an dieser Stelle mit Hinblick auf den Raum natürlich nicht einlassen[2] — immer mehr

---

tag Bd. I S. 3ff. 119ff.; Verhandlungen Bd. III S. 238ff.; namentlich aber das vortreffliche Gutachten Ungers, 25. Deutscher Juristentag Bd. II S. 88ff. mit genauer Darlegung aller widerstreitenden Ansichten und des nötigen historischen Materiales. Ferner ebendort Bd. II S. 223ff. Bd. III S. 1ff. (Gutachten); Wach, ebendort Bd. II S. 3ff., der allerdings die Notwendigkeit einheitlicher Regelung für das Reich verneint; endlich die Verhandlungen Bd. III S. 77ff.

1) Ich bemerke, daß das Preußische Abgeordnetenhaus bereits 1878 einheitliche Regelung des Prüfungswesens im Wege des Reichsgesetzes verlangt hat. Einen ähnlichen Antrag hat der Reichstag 1878 und in einer seiner Kommissionen (Einführungsgesetz zum BGB.) 1898 gestellt; das letzte Mal erklärte die Regierung, daß ihr der Antrag genehm sei. Für einheitliche Regelung haben sich ausgesprochen der 14. Anwaltstag (Verhandlungen S. 19), der 25. Deutsche Juristentag (Bd. III S. 140), die deutsche Landesgruppe der Internationalen Kriminalistischen Vereinigung (Mitteilungen Bd. IX S. 103), die juristische Fakultät der Universität Straßburg 1878 (Goldschmidt, Rechtsstudium und Prüfungsordnung S. 29). Von einzelnen Schriftstellern nenne ich namentlich: Petri, Zur Reform der juristischen Vorbildung S. 35; Stammler, Behandlung des Römischen Rechtes S. 31; Ortloff, Reform des Studiums der Rechts- und Staatswissenschaften S. 32ff., Zwischenprüfung S. 77 und viele andere mehr. Man kann wohl die Behauptung aufstellen, daß die überwiegend herrschende Ansicht dahin geht, daß die Studien- uud Prüfungsverhältnisse einheitlich für das Reich zu regeln seien.

2) Vgl. dazu Daude, Ordnung des Rechtsstudiums und der ersten juristischen Prüfung 1903; Mittermaier, Wie studiert man Rechtswissenschaft? 1911 S. 82ff. Eine kurze, instruktive Uebersicht

zugenommen, ja hat so zugenommen, daß von einer einheitlichen akademischen Ausbildung unserer deutschen Juristen zurzeit nicht mehr die Rede sein kann[1]. Namentlich bedeutungsvoll in dieser Hinsicht ist die Tatsache, daß Bayern für seine Juristen eine Zwischenprüfung eingeführt hat, welche die Fächer der römischen Rechtsgeschichte, des Systemes des römischen Privatrechtes, der deutschen Rechtsgeschichte und der Grundzüge des deutschen Privatrechtes zum Gegenstand hat, mithin rein historischer Natur ist und den Zwecken der Entlastung der ersten Prüfung dient[2]. Dieser Maßnahme der bayerischen Regierung gegenüber haben sich die übrigen deutschen Staaten bis jetzt ablehnend verhalten, und die Versuche, die Preußen mit der Einführung ähnlicher Einrichtungen 1902 gemacht hat[3], sind im Versuchsstadium stecken geblieben[4].

über einige Hauptgesichtspunkte gibt Waller, Rechtsstudium und Referendariat S. 14f.

1) Vgl. z. B. Kloeppel, 14. Deutscher Anwaltstag S. 15: „Denn gerade wer in die Lage kommt, etwa aus Anlaß des ihm aufgetragenen Berichts sich mit dem Gegenstande zu beschäftigen, der muß den Zustand trostlos finden, wie er heute ist, daß das gleiche Gesetz angewendet werden soll von jungen Juristen, die in so verschiedenartiger Weise, ich möchte sagen, zubereitet worden sind."

2) Vgl. Königl. Bayerische Allerhöchste Verordnung vom 4. Juli 1899 § 3; Ministerialbekanntmachung vom 6. Juli 1899 § 10. Vgl. ferner eine gute Darstellung der Verhältnisse in Bayern bei Rosin, 26. Deutscher Juristentag Bd. II S. 156ff. Das Vorbild der bayerischen Zwischenprüfung ist die rechtshistorische Prüfung in Österreich. Vgl. Rosin S. 158ff.

3) Es sollte an Stelle der Zwischenprüfung ein Zwischenzeugnis eingeführt werden, welches aber im wesentlichen die Funktionen eines Examens hatte. Vgl. namentlich die Ausführungen Rosins l. c. S. 195ff. mit zahlreicher Literatur, ferner Ortloff, Zwischenzeugnis oder Zwischenprüfung? 1902.

4) Zeitungsnachrichten zufolge soll die Einführung der Zwischenprüfung in Preußen geplant sein. Den bündigen Erklärungen in

Daß durch diese Maßnahme die bayerischen Studenten tatsächlich gezwungen werden, so gut wie ausschließlich auf ihren Landesuniversitäten zu studieren, ist einleuchtend. Denn einmal können sie nur an ihren Universitäten die Zwischenprüfung ablegen, andererseits ist es aber auch begreiflich genug, daß der Student da studiert, wo er demnächst seine Prüfung abzulegen gedenkt[1]. Damit gewinnt aber die ganze Frage eine weit über das Gebiet der Rechtspolitik hinausgehende Bedeutung. Denn durch die beschränkte Einführung der Zwischenprüfung allein in Bayern ist de facto die Freizügigkeit zwischen den bayerischen und den übrigen deutschen Universitäten in Frage gestellt, und es ist denn auch bereits die Folge eingetreten, daß bayerische Juristen nur noch ausnahmsweise und vorübergehend an nichtbayerischen Universitäten studieren[2]. Das politisch Bedenkliche eines solchen Zustandes liegt auf der Hand. Denn es sind hier einer fortschreitenden Amalgamierung der einzelnen deutschen Stämme Hindernisse entstanden, die zu beseitigen, und zwar so bald als möglich zu beseitigen, doch wohl im Interesse der nationalen Einheit liegen dürfte, wie nicht weiter ausgeführt zu werden braucht.

So gelangen wir hier zu einem ersten Postulat, an dem wir mit Entschiedenheit festhalten müssen, dem

---

der Deutschen Juristenzeitung Bd. XV S. 1340 nach kann davon wohl kaum die Rede sein.

1) Rosin, 25. Deutscher Juristentag Bd. III S. 109ff.; Hamm, ebendort S. 116.

2) Gierke, 25. Deutscher Juristentag Bd. III S. 130; Enneccerus, 26. Deutscher Juristentag Bd. III S. 129 mit wertvollen statistischen Angaben über die Frequenz bayerischer Juristen an norddeutschen Universitäten.

Postulat, das Studien- und das Prüfungswesen der Juristen wenigstens den Grundzügen nach einheitlich für das ganze Deutsche Reich zu regeln[1]. Auf welchem Weg das geschehen soll, ist eine Frage nach dem Wie?, die an Wichtigkeit bei weitem hinter der Frage nach dem Ob? zurücksteht. Ich möchte aber keine Zweifel darüber aufkommen lassen, daß ich eine reichsrechtliche Regelung nicht nur für das Richtigere halte, sondern auch für das Zweckmäßigere[2], da ja sonst jeder Bundesstaat jeden Augenblick die mühsam erreichte Einheit wieder über den Haufen werfen könnte, da es mir ferner doch eigentlich etwas widerspruchsvoll erscheint, wenn sich zwar der Bundesstaat an einer einheitlichen Regelung beteiligen will, immer aber nur unter der Reservation nicht erfolgender dauernder Bindung. Ich meine, daß das, was für Schiffahrtsabgaben erreicht werden konnte, wohl auch zu erreichen wäre bei der doch auch eminent wichtigen Frage der juristischen Ausbildung. Aber wie gesagt, auf das Wie? der Erzielung einer Einheit lege ich weniger Gewicht, aber erzielt muß sie werden[3].

1) Vergl. weiter oben S. 41 Anm. 1.

2) Auf anderem Standpunkt steht Kahl, 25. Deutscher Juristentag Bd. III S. 94 f., der aus prinzipiellen Gründen die Mitwirkung des Reichstages in dieser Sache nicht wünscht. Ich kann in derselben nichts Bedenkliches sehen. Auch Justizrat Goldschmidt, ebendort S. 104 f. hat sich aus Gründen der Zweckmäßigkeit für den Weg der vertragsmäßigen Vereinbarung ausgesprochen. Dagegen aber vergleiche die trefflichen Ausführungen Rosins gegen beide, namentlich gegen Kahl, ebendort S. 106 ff. Für reichsgesetzliche Regelung haben sich ausgesprochen der 14. Juristentag (Bd. III S. 238 f.) und der 14. Anwaltstag (Verhandlungen S. 19), für vertragliche Regelung der 25. Juristentag (Bd. III S. 140).

3) Die Notwendigkeit und die Vorteile der Vereinheitlichung sind auf das klarste und trefflichste dargestellt bei Unger, 25. Deutscher Juristentag Bd. II S. 102 ff.

Denn es dürfte doch ein paradoxerer Zustand kaum gedacht werden, als der, zu dem uns die augenblickliche Entwicklung gebracht hat: Unter der Herrschaft der Partikularrechte, während des Zustandes weitgehendster Rechtszersplitterung hatten wir eine wenigstens in ihren Grundzügen gleichmäßige Universitätsausbildung der deutschen Juristen, nach Herstellung der Rechtseinheit in Deutschland auf den wichtigsten Gebieten des Rechts haben wir das nicht mehr, sondern eine partikulare Ausbildungszersplitterung, wie sie bedenklicher nicht gedacht werden kann. Wie soll aber unser einheitliches Recht einheitlich angewandt und mehr noch entwickelt werden, wenn wir nicht auch eine einheitliche Ausbildung unserer Juristen wieder erlangen[1]? Und daß eine solche doch auch durchaus geboten erscheint in Hinblick auf das ständig zunehmende Heer von Reichsbeamten, ist so selbstverständlich, daß es genügt, auf diesen Punkt zu verweisen, ohne ihn des weiteren ausführen zu müssen[2].

Aber indem wir die Forderung nach Vereinheitlichung der Studien- und Prüfungsverhältnisse für Deutschland aufstellen, müssen wir nunmehr die Frage beantworten, wie wir uns im einzelnen die Regelung der akademischen Vorbildung, wie wir uns also die Studieneinrichtungen nach Inhalt und Methode, wie wir uns das Prüfungswesen als Abschluß der Studien denken. Und indem wir in dieser Beziehung unsere Ansicht präzisieren,

---

1) Treffend Unger l. c. S. 102 f. Anderer Ansicht Wach, ebendort S. 12 ff., allerdings im wesentlichen wegen der Schwierigkeit der Vereinheitlichung, vergl. namentlich S. 14 f. Vergl. neuerdings auch die kurzen, aber treffenden Ausführungen Wallers, Rechtsstudium und Referendariat S. 28 f.

2) So auch schon Unger l. c. S. 108 f.

werden wir zugleich Gelegenheit haben, kritisch Stellung zu nehmen zu den wichtigsten der zahlreichen Reformvorschläge, die in letzter Zeit gemacht sind, und die wir in den bisherigen Ausführungen bereits kurz kennen gelernt haben. Dabei sei aber negativ auch gleich das eine bemerkt, daß wir nicht beabsichtigen, an dieser Stelle die Frage zu behandeln, welche Punkte einer gesetzlichen Regelung bedürfen, welche nicht, wie auch nicht die weitere Frage, wie weit die reichsgesetzliche Regelung normieren soll, in welchem Umfang andererseits die landesrechtliche Kompetenz aufrechtzuerhalten ist. Es sind das mehr Fragen der technischen Ausgestaltung und Durchführung, während es uns natürlich nur darauf ankommen kann, bestimmte Richtlinien, Prinzipien zu gewinnen, die dann eventuell vom Gesetzgeber verwertet werden können [1].

Da ist denn zunächst sofort die grundlegende Vorfrage zu beantworten, ob wir überhaupt akademisches Studium brauchen, oder ob wir nicht alles dem Selbststudium, dem Einpaukertum und der Praxis überlassen können. Diese Frage muß in ihrer zweiten Alternative auf das entschiedenste verneint werden.

Beginnen wir mit der Erziehung allein durch die Praxis oder doch wenigstens vornehmlich durch sie, so ist in ihr eine Ausbildung nur rein kasuistisch, rein induktiv möglich. Sie ist (und das ist ja so oft ausgesprochen worden, daß es wirklich kaum wiederholt zu werden braucht[2]) für den großen Durchschnitt der zu

1) Waller, Rechtsstudium und Referendariat S. 37 ff. gibt einen vollständigen Entwurf eines Reichsgesetzes betreffend das Rechtsstudium, eines Gesetzes, das auf dem Fortfall der Trennung von Referendariat und Universitätsstudium beruht. Vergl. S. 28.

2) Vergl. z. B. Gneist, Aphorismen S. 4 ff.; Ortloff, Reform des Studiums der Rechts- und Staatswissenschaften S. 48 ff.; Gold-

bildenden Juristen kein ausreichendes Bildungsmittel. Das geniale Talent mag sich ja auch so durchsetzen und seine eigenen Wege als Pfadfinder der Zukunft finden, wobei allerdings dahingestellt bleiben mag, ob es nicht bei zureichender Ausbildung rascher und weiter vorwärts gekommen wäre. Allein ein jedes Ausbildungssystem, eine jede Erziehungsmethode muß vom Durchschnitt ausgehen, und für den Durchschnitt ist Ausbildung nur oder doch vornehmlich nur durch die Praxis nicht ausreichend. Niemals kann auf diese Art und Weise die Fähigkeit erlangt werden, auf die alles ankommt, im Einzelfall die allgemeine Regel, in der einzelnen Bestimmung nur die spezialisierte Manifestation einer generellen Rechtsidee zu erblicken[1]. Freilich dem, der in den einzelnen Gesetzesbestimmungen nur positive Zufälligkeiten sieht, die zwar historisch bedingt, aber sonst auch gerade so gut anders sein könnten, die ohne jeden inneren Zusammenhang dastehen, so daß kein geistiges Band zwischen ihnen eine Art Verwandtschaft herstellt, dem, sage ich, muß eine derartige Ausbildung genügen, denn für den braucht der Richter doch nur Routine, da ja in letzter Linie alles von seiner Willkür abhängt. Aber wer würde wagen, so jede Systematik des Gesetzes, des Rechtes zu leugnen? Unser Recht ist

---

schmidt, Dreijähriges Studium der Rechts- und Staatswissenschaften S. 67 ff.

1) Vergl. auch Leonhard, Noch ein Wort über den juristischen Universitätsunterricht S. 11 f.: „Eine wirklich erfolgreiche Selbstfortbildung des Juristen, der aus den Einzelentscheidungen seines Berufes seine Kenntnisse bereichert, ist überhaupt der Tätigkeit dessen vergleichbar, welcher botanisierend Pflanzen sammelt. Ein solcher würde ohne ein System, in welches er das Gefundene einreiht, niemals eine brauchbare Sammlung zustande bringen, kaum auf die wichtigen Merkmale des Gesuchten zu achten vermögen."

und will sein ein System, in dem grundlegende Prinzipien sich hundertfach verkörpern, Prinzipien, die vielleicht mit ausdrücklichen Worten im Gesetz nicht auszusprechen sind, die aber der Richter, der Jurist fortwährend anwenden muß, will er das Gesetz dessen eigenster Bedeutung nach zur Durchführung bringen. Man übersehe doch nicht: Was man gemeiniglich systematisches Denken nennt, ist mit dem Begriff Denken viel zu eng bezeichnet. Unsere Juristen müssen systematisch handeln. Und die Systematik ist nicht etwa nur ein Prinzip der Theorie, sondern vielmehr und im eminentesten Sinn ein Prinzip der Praxis, ja man kann direkt sagen das eigentliche Prinzip der Praxis[1].

Rein kasuistische Bildung durch die Praxis wird aber niemals zum wirklich systematischen Handeln führen. Es mag so auf einem beschränkten Gebiet tüchtige Spezialkenntnis erworben werden. Allein das, was bestenfalls erzielt wird, ist eine gewandte Routine, ist ein immerhin brauchbares Spezialistentum[2], das aber nicht in der Lage

1) Daß mit dem Ausgeführten nicht dem Formalismus das Wort geredet werden soll, ist selbstverständlich, möge aber ausdrücklich auch noch betont werden.

2) Vergl. die nur zu treffenden Ausführungen Goldschmidts, Das dreijährige Studium der Rechts- und Staatswissenschaften S. 67: „Die Praxis kann einen gut durchgebildeten jungen Mann von auch nur mittleren Fähigkeiten zu einer sehr tüchtigen, vielleicht hervorragenden Kraft entwickeln, indem sie sein Wissen lebendig macht und vertieft. Sie kann nicht mangelndes Wissen ersetzen, nicht Unbildung in Bildung, nicht Oberflächlichkeit in gründliche Kenntnis umwandeln. Sie kann freilich den gewandten Routinier machen, welcher mit der genügenden Portion wirklichen oder zur Schau getragenen Selbstbewußtseins dem Unkundigen sein Halbwissen zu verdecken weiß, seine Aktennummern korrekt fertig bringt, aber vor wirklich schwieriger Aufgabe versagt.“

ist, über sein eigenes, enges Gebiet hinauszukommen. Da dies nun die auf anderen Gebieten tätigen Spezialisten auch nicht können, so muß ein jeder geistiger Zusammenhang zwischen der Arbeit auf den verschiedenen Rechtsmaterien aufhören. Und weiter, da der Spezialist allein sein Fach beherrscht, so muß er naturgemäß als Sachverständiger entscheiden, es muß aus der mangelnden Urteilsfähigkeit des Nichtspezialisten der blinde Autoritätsglaube entstehen. Mit anderen Worten: Unsystematische Bildung führt zum Spezialistentum, dieses aber drängt seinem innersten Wesen nach zum Präzedentienkultus, der doch wohl mehr, als man meint, auf jener Unsystematik der Ausbildung beruht. Und diese Entwicklung wird noch insofern durch die praktische Ausbildung bebegünstigt, als ja der Anfänger, dem zunächst alles fremd ist, sich sein Vorbild aufsuchen muß. Ihm tritt aber die Rechtswahrheit zunächst im Urteil verkörpert entgegen, an das er glauben muß und wird, weil er weder Kritik gelernt hat, noch auch nur im entferntesten die Fähigkeit zur Kritik hat. So führt die rein praktische Ausbildung zur Unselbständigkeit. Sie mag Fertigkeiten gewähren, nun und nimmer aber verleiht sie Fähigkeiten.

Zum Beweis des Gegenteiles liebt man es, auf England zu verweisen, auf seinen glänzenden Richterstand mit seiner universellen, ausschließlich durch die Praxis erlangten richterlichen Bildung [1]. Daß man sich mit diesem Hinweis irrt, hat schon Gneist scharf betont [2], habe ich

1) Über die Ausbildung der englischen Juristen vgl. meine eingehenden Darlegungen Englische Gerichtsverfassung Bd. II S. 936 ff. Die sehr kurzen Ausführungen Wallers, Rechtsstudium und Referendariat S. 19 sind teilweise unzutreffend.

2) Gneist, Englisches Verwaltungsrecht Bd. II S. 1087 f.

selbst an anderer Stelle eingehend darzulegen versucht [1]. Das ja unterscheidet unsere juristische Ausbildung so außerordentlich vorteilhaft von der englischen, daß unsere systematisch, jene kasuistisch, unsere theoretisch, jene rein praktisch ist, daß wir allgemein Juristen erziehen, daß dort aber das klassische Land des Spezialistentumes mit seinen äußerlich bestechenden Erscheinungen, mit seinen innerlich so weitgreifenden Mängeln ist [2].

---

1) Englische Gerichtsverfassung S. 942 ff.

2) Man widerlegt meine Darstellung der englischen Gerichtsverhältnisse nicht dadurch, daß man sie einfach negiert, wie Mendelssohn-Bartholdy, Deutsche Juristenzeitung Bd. XV S. 978 in glücklicher Zufriedenheit vermeint. Und wenn dieser Schriftsteller, Imperium des englischen Richters S. 155 die Universalität des englischen, durch die Praxis gebildeten Richters preist, so beweisen die Ausführungen Mendelssohns nur weitgehendste Unkenntnisse des englischen Rechtes und seiner Praxis, wie ich Englische Gerichtsverfassung Bd. II S. 790 Anm. 1 bereits ausgeführt habe, wie ich aber demnächst noch nach anderer Richtung hin nachweisen werde. An dieser Stelle möchte ich aber einiges Material nachtragen für die Richtigkeit meiner Ansicht, um damit zu beweisen, daß die Engländer ihre überwiegend kasuistische Bildung selbst genau so beurteilen, wie ich dies im Text getan habe. Allerdings stammt das Material aus dem Jahre 1846. Allein ich bemerke, daß sich seit 1846 das englische Ausbildungswesen in für unsere Betrachtungen relevanter Hinsicht nicht wesentlich geändert hat. Denn man hat allerdings die Möglichkeit theoretischer Studien geschaffen, hat aber nicht etwa theoretische Ausbildung zur obligatorischen Voraussetzung der Zulassung zur Rechtsanwaltschaft gemacht. 1846 nun hat eine Kommission Erhebungen über die Art der juristischen Vorbildung gemacht. Es sind die ersten Juristen des Landes vernommen worden. Dem Bericht der Kommission entnehme ich folgende Ausführungen, die auch ohne Rücksicht auf die englischen Verhältnisse für uns von Wert sein dürften, da sie vortreffliche Urteile über kasuistisch-praktische Ausbildung und die damit verbundenen Mängel enthalten; vergl. Report from the Select Committee on Legal Education 1846 p. p. XXX et seq.: „A general impression, it can scarcely be called a conviction, seems to prevail, both in and out of the Profession, that as the English and Irish Bar have already produced men of high eminence in all

Der Hinweis auf England dürfte mithin als unzutreffend beiseite zu lassen sein. Und es scheint mir geradezu ein Vorteil unserer deutschen Rechtsentwicklung,

---

departments, notwithstanding all these educational deficiencies and defects, it is difficult to expect better results from any change in the present system, or, in other words, there is nothing to be hoped for which we do not now possess, from an improved system of Legal Education. This conclusion has however been repudiated by almost every witness, and in an especial manner by Lord Campbell, who states that „„he does not attach any weight to that argument at all; for he thinks that all the great men who have acquired eminence in the Profession of the Law in England would have been equally great if they had had a regular Legal Education and many of them would have performed their duties in a still more distinguished and satisfactory manner; while many of those who have acquired high office in England by their abilities and their interest, being deficient in legal acquirements, have not, he thinks, performed the duties assigned to them at all in a manner so well as they would have done if they had been more particularly and more systematically educated."" He thinks that no distinction whatever should be made in that particular between the Bar and the professions of the Church and of Medicine; that the case is quite analogous to that of the Medical Profession, where is required not only examination, but proof of having attended a certain course of study; in a word, „„a combination of examination and of a regular course of study at some established and recognised place of education."" ....

But the consideration of the question itself will more effectually combat this plausible objection than any authority, however eminent. The force of the argument depends upon two postulates, that the condition, moral and intellectual, of the different branches of the Profession, and of those classes who have analogous duties to perform, is in as high and wholesome a state in reference to those bodies, and to the public at large, as well could be desired on one hand, and on the other, that even if such were not the case, there is nothing in an improved and extended system of Legal Education which could contribute to raise or better it. Your Committee have examined the grounds on which these assertions are supposed to rest, and have come on both to the opposite conclusion.

The first assertion sets out on two fallacies: 1. That the high eminence to which some distinguished men haven risen is conclusive against the possibility, under still more favourable circum-

wie wir sie weiter oben kurz entwickelt haben, zu sein, daß sie deutlich auf eine Hebung der Bedeutung des Rechtsunterrichtes an unseren Universitäten hinausläuft,

---

stances, of their rising to an eminence much higher; and 2. That the superiority of the few is conclusive as to the abilities acquirements, and character of the many. Now as the public have to do not only with the few, but also with the many of the Profession, it is of the same importance to the public as in the two other learned professions, that they should be enabled to assure themselves, with as near an approach to truth as may be, of how far the many as well as the few are qualified to perform satisfactorily their respective duties.

In each of these respects the evidence before Your Committee gives different results from what are usually assumed. The conclusion to which it leads is, that eminent men might have been far more eminent, their excellencies enhanced, their errors and deficiencies abated, under a better system; but what is of higher and wider influence, that the great body of the Profession might have been rescued from many of those crying evils, injurious to themselves, injurious to the public under which, on the avowal of the most enlightened of its members, they at present labour.

In the high places of the Profession, on the Bench itself, these evils are discoverable. The want of an early well-directed and well-digested philosophical system of study may for a long period, in the more technical pursuits of the Profession, be felt but partially. The young man, from his knowledge of practice or from his connexion with attornies, may be pushed forwards, and elevated rapidly in his profession. But when the period of life comes at which he is to become a senior counsel, he then falls from the eminence he has acquired by this nice knowledge of technicalities, unless at that critical period he be saved from falling by securing a seat upon the Bench. This evil is still further developed by Mr. Bethell, to whose opinion of its effects, not merely on the officer, but on the office, and on the very principles and practice of the science, we refer. Lord Brougham has very distinctly followed out, through its whole progress, the consequences of the present mode of Legal Education upon the judicial portion of the Profession. He sees in the want of systematic study and knowledge in the lawyer the natural tendency there is to read up for the immediate occasion only, and the consequent ignorance of other questions when called on. „„On coming to discuss the same point of law““, says the noble

d. h. also doch auf eine stärkere Betonung der theoretischen Ausbildung unserer Juristen. Wenn man jetzt sogar vorgeschlagen hat, den Referendaren durch

Lord, „„perhaps, in another case, which they had not read up for in the same way, they were totally at sea; they had forgotten the law which they had got up on the former occasion. Now, to a certain degree, the same imperfection will be found in all lawyers who have not studied the learning of their profession systematically, and, (if I may so speak,) scientifically, but have gathered it by degrees, picking it up as they have had occasion for it in the course of their business: they, to a certain degree, are less accomplished lawyers, and have a less accurate knowledge of the principles than if they had learned them more systematically. And this will no doubt apply to the judgements of the Judges on the Bench as well as to the arguments of Counsel at the Bar."" Lord Campbell, reverting to his own large experience, coroborates this opinion. „„One inconvenience that I myself have known to arise from it"", he observes, „„is this, that suppose a young man is called to the Bar with very little legal proficiency, or even general education, he is pushed on by his friends; he has great natural vigour, and he pushes himself on, and has, perhaps, great merit. He is made a judge but he is quite incompetent for the office. I have known instances of that, to the great detriment of the public."" Interessant sind andererseits die Hinweise auf die deutsche Ausbildung, die als vorbildlich bezeichnet wird. Vgl. pp. XXII et seq., 231 et seq., woselbst sich eine auch in historischer Hinsicht höchst interessante Schilderung der deutschen Studienverhältnisse aus der Mitte des 19. Jahrhunderts befindet. Wenn übrigens Mendelssohn l. c. S. 978 ohne eine Spur von Beweis behauptet, meine Schilderung der durch das Präzedentienwesen hervorgerufenen Übelstände in England beruhe auf falscher Beobachtung, so lese man bitte pp. XXXIX et seq., wo nicht etwa englische Reformer, sondern die ersten Juristen ihre Ansichten über Verhältnisse, die sich seitdem noch gar nicht geändert haben, aussprechen. Wenn man allerdings Quellen nicht nachprüft, so hat man leichten Kampf mit jedem Gegner, und ich darf betonen, daß ich ausdrücklich in dem von Mendelssohn mehr als leichthin bekämpften Vortrag auf die in meiner gleichzeitig erschienenen englischen Gerichtsverfassung enthaltenen Zitate verwiesen habe, die Mendelssohn mithin zur Verfügung standen, als er sich über meine apodiktische Art der Darstellung beschwerte. Auf die ganze Frage kann ich hier leider nicht eingehen, möchte mir aber doch bei dieser Gelegenheit

Gewährung von Urlaub die Möglichkeit zu einem vertiefenden Nachstudium zu gewähren[1], so ist das ein Vorschlag, den man nur frohen Herzens unterstützen kann. Denn selbstverständlich wird der ältere Jurist die Probleme seiner Wissenschaft ganz anders zu würdigen in der Lage sein als der jüngere. Der ältere Jurist wird, nicht etwa weil er bereits Praxis hinter sich hat, sondern weil er die Tiefe und Bedeutung seiner Wissenschaft kennen gelernt hat, ihr ein wirkliches Interesse entgegenbringen, das der Anfänger nicht haben kann. Auch hier nicht etwa, weil praktisches Verständnis fehlt, sondern weil der Stoff im Anfang vollkommen fremd gegenübersteht, als eine Masse unvermittelter, unbeherrschter Einzelheiten. Erst wenn der Überblick über das Ganze gewonnen ist, erst dann kann das Interesse am Einzelproblem wirklich lebhaft werden[2]. Und so kann man sich in der Tat Bedeutendes von einem solchen

die Bemerkung gestatten, daß ich es mehr als seltsam finde, wenn Mendelssohn schreibt: „Gerland ist offenbar optima fide . . .“ Seit wann ist es üblich, solche Selbstverständlichkeiten wissenschaftlichen Anstandes ausdrücklich hervorzuheben? Oder habe ich je in meinen Schriften Anlaß zu Zweifel gegeben?

1) Die preußische Regierung soll diesen Vorschlag zurzeit in Erwägung gezogen haben. Vgl. Deutsche Juristenzeitung Bd. XV S. 1341.

2) Wenn Zitelmann, Vorbildung der Juristen S. 21 meint, der Jurist solle durch den praktischen Dienst theoriehungrig werden, so übersieht er meines Erachtens, daß der aus der Praxis zurücktretende Jurist auch stets den theoretischen Kenntnissen nach der reifere Jurist ist. Und daß auch heute schon unsere Studenten in den älteren Semestern zweifellos fleißiger werden, nicht nur, weil sie das Examen machen müssen, sondern auch, weil sie mehr Interesse an der Sache bekommen haben, kann nicht in Abrede gestellt werden. So dürfte es nicht die Praxis allein sein, die das größere Interesse an der Theorie bedingt, sondern Ursache von letzterem ist eben die entwickeltere Bildung des Älteren selbst.

Nachstudium versprechen, besonders wenn man an das vertiefende Studium der Spezialgebiete denkt, ich erwähne z. B. Gewerberecht, Gefängniswesen, Kolonialrecht usw.

Kann eine ausschließlich praktische Ausbildung, wie ich glaube nachgewiesen zu haben, ein Studium auf der Universität nicht ersetzen, so gilt dasselbe auch vom privaten Selbststudium, das ebenfalls für sich allein zur Durchbildung der Juristen nicht ausreichen kann. Man hat das ja oft behauptet, man hat auf die Lehrbücher, die vorzüglichen Bearbeitungen der einzelnen Rechtsmaterien verwiesen, aber man hat offenbar übersehen, daß man ein Lehrbuch lesen können muß, ehe man es benutzen kann. Und man hat übersehen, daß es doch hier gerade nach vieler Richtung hin entscheidender und entschiedener Anleitung bedarf [1]. Selbstverständlich ist das Universitätsstudium ohne ergänzendes Privatstudium unvollkommen. Allein stets ist es der akademische Unterricht, der das Selbststudium erst ermöglicht, von genialen Autodidakten auch hier wieder abgesehen. Denn die Gefahr des Irrtumes ist für den nur auf sich selbst gestellten Anfänger zu groß [2]. Wir können nicht auf die Tradition verzichten (und warum sollten wir es auch?), die in letzter Linie darin besteht, daß gemachte Erfahrungen auch verwertet werden. Ein jedes Selbststudium muß ja doch gänzlich von vorn beginnen, und wie soll da eine wirklich konstante Entwicklung möglich sein, wo der entscheidende Ausgangspunkt stets von einem Zufall abhängt? Wie sollen einheitliche Ziele in mühsamem Kampf um die Erkenntnis errungen

1) Vergl. z. B. die treffenden Ausführungen v. Amiras, Wie studiert man Rechtswissenschaft? S. 19 ff.

2) Vergl. zum folgenden auch Gneist, Aphorismen S. 4 ff.; Muther, Reform des juristischen Unterrichtes S. 15 ff.

werden, wo es nur vom reinen Zufall abhängt, wohin der Autodidakt getrieben, nicht aber geleitet wird? So manche mühsam von jenem gefundene Wahrheit wird sich als ein alter Bestandteil überlieferter Bildung erweisen. So mancher längst überwundene Irrtum kann von neuem verhängnisvoll werden, und das gilt für beides: für die Methode und für den Inhalt der Rechtserkenntnis. Plan- und Systemlosigkeit, Kräftevergeudung und Verlust des bereits Errungenen, das sind die Gefahren, die hier entstehen. Und daß das nach jeder Richtung hin bedenklich ist, braucht wirklich nicht noch besonders betont zu werden. Wenn etwas, so garantiert die Tradition die Kontinuität in der Entwicklung, und deswegen können wir sie eben nicht entbehren.

Freilich, ein jedes Studium muß in selbständiger Arbeit endigen. Und diese Arbeit wird bei den sich immer verändernden Rechtsverhältnissen stets eine Art Selbststudium sein; man denke nur an die Flut neuer Gesetze, die jedes Jahr entstehen, und die vom Juristen nicht nur äußerlich, sondern auch geistig verarbeitet werden müssen. Allein diese selbständige Arbeit, zu ihr soll gerade der Universitätsunterricht erziehen, sie soll er in Zukunft ermöglichen, ohne ihn ist jene in der Tat gar nicht möglich. Und so erscheint es mir ein Gebot richtiger Hochschulpädagogik zu sein, ein Gebot, auf welches wir noch zurückkommen werden [1], von Anfang an das Selbststudium anzuregen und zu ermöglichen [2]. Wie man das tut, ist

1) Vergl. weiter unten S. 64.

2) Sehr treffend bemerkt Pitreich, Österreichische Gerichtszeitung 1908 S. 161: „Ich habe mich bereits zu der Ansicht bekannt, daß es nicht Aufgabe der Universität ist, fertige Juristen in die Praxis zu senden, die in allen Sätteln gewandt sind und sich sofort in allen Situationen zurecht finden. Wohl aber sollen die Absolventen der Fakultät in alle Hauptgebiete der Rechts- und Staatswissenschaft

bindend im einzelnen nicht zu sagen. Ich meine, im Anfang sollte Gelegenheit zur Selbstbetätigung durch Lektüre und Referate über das Gelesene gegeben werden, dann aber im weiteren Verlauf der Studien durch kleinere und größere selbständige Bearbeitungen einzelner, ausgewählter Materien, die dann füglicherweise auch in der Vorlesung ausgelassen werden könnten[1]. Derartige Arbeiten würden beides schaffen, Kenntnis des Stoffes und vor allem auch Arbeitsfreude, die ihrerseits wieder mächtig zur Erweiterung der Erkenntnis reizt. Denn nur das Gefühl, selbst etwas errungen zu haben, gibt die Freude am Errungenen, am Erringen, und es dürfte das erste Gebot einer jeden Pädagogik sein, über den Zwang zur Arbeit zur Freude an der Arbeit zu gelangen, ohne die eine wirkliche Freude am Beruf undenkbar ist; erscheint letzterer doch ohne sie nur als ein philiströses Erfüllen bestimmter Pflichten in Hinblick auf die Vorteile, die diese Erfüllung mit sich bringt. So, ich wiederhole zusammenfassend, kann das Selbststudium den akademischen Unterricht nicht ersetzen, wohl aber soll der Unterricht zu selbständiger Arbeit befähigen.

Und nun endlich die letzte Frage, ob nicht etwa der Repetitorenunterricht genügt, wie er allerorten in Deutsch-

---

so weit Einblick gewonnen haben, daß sie je nach Bedarf in ihrem Spezialberufe die Lücken ihres Wissens an Einzelheiten durch selbständige Arbeit zu ergänzen vermögen."

1) Meines Ermessens durchaus abwegig Burckhard, Reform der juristischen Studien S. 65: „Ein Kollegientorso ist dem Kandidaten, der von einem Examinator gerade aus der Materie geprüft wird, die im Kollegium nicht mehr behandelt wurde, momentan so viel wie gar kein Kollegium; und mutet man ihm zu, diese und jene Materie sich durch Selbststudium zu erschließen, so gesteht man ihm ein, daß er auch das Ganze allein lernen kann."

land in üppigster Blüte steht[1]. Die Bedeutung der Frage kann nicht überschätzt werden. Denn auch hier hat Zitelmann recht[2]: Genügt der Repetitorenunterricht, dann sind die juristischen Fakultäten überflüssig[3], der Staat kann dann das für sie aufgewandte Geld wirklich besser nach anderer Richtung hin verwerten. Aber dieser Unterricht genügt nicht. Denn was will die Universität? was der Repetitor? Sehe ich recht, so ist der Unterschied zwischen der Schule und der Universität letzten Grundes der, daß die Schule zum Denken erziehen will, die Universität aber zum Handeln, zur Selbständigkeit[4]. Jede Unterrichtsmethode muß daher auf der Universität als verfehlt erscheinen, die den Studierenden

---

1) Vergl. weiter oben S. 25 Anm. 2.

2) Zitelmann, Vorbildung der Juristen S. 9. So auch Waller, Rechtsstudium und Referendariat S. 29.

3) Daß übrigens auch, wenn Selbststudium genügen würde, eine Pflicht, die Universität zu besuchen, gar keinen Sinn mehr hätte und daher beseitigt werden müßte, so daß unsere Universitäten bloß mehr Akademien zu sein hätten, dürfte noch hervorgehoben werden. Ähnlich auch Stammler, Recht Bd. VI S. 278.

4) Dieser Gedanke, namentlich in bezug auf die Universitäten, findet sich schon mehr oder weniger klar ausgesprochen bei einer Reihe von Schriftstellern. Ich verweise auf folgende: Hälscher, Das juristische Studium in Preußen S. 26; Die Umgestaltung der juristischen Ausbildung S. 12: „Irgend einmal im Leben muß der Mensch selbständig werden, und die Universität ist unseres Erachtens gerade dazu da, den Übergang vom Lernen zum Handeln zu vermitteln und darum zum Urteilen anzuleiten"; Muther, Reform des juristischen Unterrichts S. 16; v. Liszt, Reform des juristischen Studiums S. 25; Leonhard, Noch ein Wort über den juristischen Universitätsunterricht S. 12 ff.; Unger, 25. Deutscher Juristentag Bd. II S. 100 ff.; Oertmann, 26. Deutscher Juristentag Bd. III S. 141; Krückmann, Archiv für bürgerliches Recht Bd. XIX S. 32 ff. in trefflichen Ausführungen; Hanausek, Reform der juristischen Studien S. 8; Stammler, Recht Bd. VI S. 278; Wach, 25. Deutscher Juristentag Bd. II S. 9 f.

gleich dem Schüler zur rein rezeptiven Tätigkeit zwingt. Anders dagegen liegen die Verhältnisse auf der Schule. Der Schüler muß glauben, was ihm der Lehrer sagt, er muß die Wahrheit ohne Widerspruch hinnehmen, die ihm jener sagt. Denn nicht auf den Wahrheitsgehalt kommt es an bei dem, was überliefert wird[1]. Der Schüler wird aus methodologischen Gründen dogmatisch im engsten Sinn erzogen und muß so erzogen werden.

Ganz anders die Ausbildung des Studenten. Sie muß vor allem eine kritische sein. Und so muß der Student, wie wir bereits in anderem Zusammenhang erwähnten[2], von Anfang an zur Produktion im weitesten Sinne geführt werden. Allerdings übermittelt die Universität auch Kenntnisse, aber nur, weil selbständiges Handeln im Rahmen eines Berufes ohne Berufskenntnisse unmöglich ist, da letzterer in Anwendung und Verwertung eben dieser Kenntnisse besteht. Allein es erscheint die Übermittelung des Stoffes, der Kenntnisse, obwohl unumgänglich notwendig und mit der ersten, eigentlichen Aufgabe untrennbar verbunden, ihr gegenüber stets nur als ein sekundäres, nicht ein primäres Moment.

Man könnte dagegen einwenden (und man hat diesen

---

1) Vergl. die trefflichen Ausführungen Leonhards, Noch ein Wort über den juristischen Universitätsunterricht S. 13: „Unser Gymnasialunterricht muß . . . im wesentlichen ein Schwören auf die Worte des Lebens verlangen. Jeder Schüler kennt zwar den Satz: ‚Unser Wissen ist Stückwerk‘, allein die Methode des Gymnasialunterrichts verbietet ihm, die Folgerungen dieses Satzes zu ziehen. Aus staatlich gebilligten Büchern lehrt man, als ob es sich um ewige Wahrheiten handle, Sätze, die nur einen vorläufigen Querdurchschnitt des augenblicklichen Standes der ewig weiterflutenden Wissenschaft bieten. Der Schüler darf nicht zweifeln, er muß sie sich einprägen, als seien sie unumstößlich.“

2) Vergl. weiter oben S. 56 f.

Gedanken auch wirklich in den Vordergrund gestellt [1]), Aufgabe der Universität sei auch, wenn nicht gar ausschließlich, das juristische Denken zu lehren. Wenn nun es zunächst einmal sehr zweifelhaft erscheinen muß, ob wir überhaupt ein spezifisch juristisches Denken anzunehmen haben, da ein solches in letzter Linie sich von sonstigem abstrakt logischen Denken kaum unterscheiden dürfte, so könnte man doch auf das systematische Denken hinweisen, das dem Juristen als etwas Besonderes eigne. Allein auch hier können wir auf bereits Ausgeführtes zurückgreifen [2]. Denn wir haben bereits darauf hingewiesen daß in dieser Hinsicht der Begriff Denken viel zu eng gefaßt ist, daß auch hier in Wahrheit ein Handeln in Frage steht. Systematisch Denken heißt eine Menge Einzelheiten dergestalt betrachten, daß die Einzelheiten als Manifestationen von durchgreifenden Ideen aufgefaßt werden, als Teile eines Ganzen, untereinander im inneren Zusammenhang stehend. Wenn nun ein systematisches Denken gelehrt wird, so kann nicht etwa daran gedacht werden, die Systematik sämtlicher Gesetze und wiederum sämtlicher Gesetze untereinander zu lehren oder besser gesagt zu übermitteln, sondern der Zweck kann nur ein doppelter sein: einmal dem Studenten die Notwendigkeit des systematischen Denkens darzutun und zu beweisen, ferner dem Anfänger die Fähigkeit zu verleihen, wenn er nun selbst an ein neues Gesetz herantritt, dasselbe selbständig systematisch erfassen und anwenden zu können, die Einzelheiten zurückführen zu können auf die Prinzipien, ein Gesetz reduzieren zu können auf seinen eigentlichen Gehalt. Mit anderen Worten: Wir wollen den Anfänger lehren, den Rechtsstoff systematisch zu

1) Vergl. z. B. Petri, Zur Reform der juristischen Vorbildung S. 4.
2) Vergl. weiter oben S. 47 f.

behandeln. Der eigentliche Zweck ist also nicht das Denken schlechthin, sondern das selbständige Denken, das eben immer in einer Betätigung des Denkens, in einem Handeln besteht [1].

Auf der anderen Seite könnte man nun aber darauf hinweisen, daß, wenn wirklich die Universität zum Handeln zu erziehen hat, jeder Unterschied zwischen ihren Aufgaben und denen des praktischen Vorbereitungsunterrichtes verwischt würde, mithin letzterer überflüssig erscheine. Kommen wir hier wirklich zu jenem radikalen, weiter oben erwähnten Reformvorschlag [2], das Referendariat zugunsten des mit praktischer Betätigung verknüpften Studiums ganz zu beseitigen? Diese Frage muß mit Entschiedenheit verneint werden. Denn einmal

---

1) Daß in der Tat der oft gebrauchte Ausdruck juristisches Denken nichts meint als juristisches Handeln, geht aus den Darlegungen Ungers, 25. Deutscher Juristentag Bd. II S. 100 klar hervor, in denen Unger sich bemüht, das juristische Denken inhaltlich festzulegen: „Die zur Ausbildung für jeden höheren Beruf erforderliche Erziehung zum selbständigen Denken ist für den juristischen, dessen Aufgabe im wesentlichen darin besteht, die geeignete Vermittlung zwischen Rechtsordnung und Verkehrsleben zu finden, noch besonders zu richten, zunächst auf die Fertigkeit, den tatsächlichen Stoff aus der Übermittelung desselben richtig aufzunehmen, sodann auf die Befähigung, die Verkehrsvorgänge, bei denen wichtige Rechtsänderungen oft nicht zur äußeren Erscheinung, ja den beteiligten Laien oft kaum zum Bewußtsein kommen, juristisch zu betrachten, zu zergliedern, zu erfassen, hiernach zu sichten und den Stoff in dieser Gestalt auch anderen darzustellen, die einschlägigen Rechtssätze sowie die richtige Vergleichung der tatsächlichen Gestaltung des Falles mit der Absicht des Gesetzes zu finden, das hierbei etwa dem Richter vom Gesetze eingeräumte freie Ermessen gemäß dem allgemeinen Willen des Gesetzes und in einer der Sachlage angemessenen Weise auszuüben, die richterlichen Entscheidungen in genauer Fassung und logischer Begründung zur Kenntnis der Beteiligten zu bringen. Es begreift dies auch die Stärkung des gesunden Menschenverstandes und dessen juristische Schulung.“

2) Waller, Rechtsstudium und Referendariat S. 28.

würde Übereinstimmung in den Zwecken noch keineswegs beide Stadien der Ausbildung identifizieren, sofern nur in beiden die Mittel zur Erreichung ebendesselben Zweckes verschiedene wären. Auf der anderen Seite stimmt aber auch der Zweck der zwei Ausbildungsphasen keineswegs völlig überein. Denn offenbar ist der Zweck des Referendariats ein doppelter:

Seine eine wichtige Funktion ist die Erziehung des Juristen zum Beamten, oder, wenn man die Verhältnisse möglichst weit fassen will, zur bestimmten Berufsausübung. Dahin gehört ein Vielfaches: Unterwerfung des eigenen Willens unter einen höheren Willen, Herausbildung des Verantwortlichkeitsgefühles, Unparteilichkeit, Erledigung der Arbeiten und Zuteilung derselben nach beruflichen Gründen und nicht nach freier Wahl, zeitliche Limitierung der für die Arbeit zur Verfügung gestellten Zeit, ferner namentlich der Verkehr als Beamter mit anderen Beamten und Nichtbeamten usw. Und es darf diese Funktion des Referendariats nicht unterschätzt werden, wenn allerdings auch der akademische Unterricht bereits nach dieser Richtung hin wirksam werden kann. Allein bei letzterem wird diese Wirkung immer nur sehr beschränkt, mehr sekundär sein, so daß die eigentliche Berufserziehung erst durch die Praxis zu erfolgen hat und nur durch sie erfolgen kann.

Die zweite Funktion der Referendarsausbildung liegt nun allerdings in der nämlichen Richtung, wie die des Studiums, ist aber doch von letzterem durchaus verschieden. Denn während das Studium mehr abstrakt nur die Fähigkeit zum Handeln verleihen will und kann, die als solche nicht Voraussetzung des Studiums ist, ja vielmehr umgekehrt gerade als nicht vorhanden vorausgesetzt wird, will die Referendarsausbildung jene Fähigkeit in eine Fertigkeit, ein abstraktes Können in ein konkretes verwandeln. Sie will die rein praktische Routine geben, d. h. die Fähigkeit, handeln zu können nicht nur am Phantom, sondern den Realitäten des Lebens gegenüber, gegenüber dem leugnenden Angeklagten durch den voreiligen, unzuverlässigen, schwerfälligen, falschen Zeugen die Wahrheit festzustellen. In der Praxis wird nicht gelehrt, welcher Inhalt des Gesetzes zur Anwendung zu bringen ist. Die Gesetzeskenntnis wird vielmehr bereits vorausgesetzt. In ihr wird gelehrt, wie historisch die Wahrheit zu ermitteln ist, wie die Zeugen zu vernehmen sind. Man kann zusammenfassend sagen: Will das Studium erziehen zum Handeln dem Gesetz gegenüber und mit dem Gesetz, so will das Referendariat erziehen zum Handeln dem Leben gegenüber und mit Wirkung auf das Leben[1]. Es ließe sich dieser Gedanke noch nach den mannigfachsten Richtungen hin ausführen. Allein es würde das zu weit führen, da wir uns hier nur mit dem akademischen Unterricht als solchem und seinen Aufgaben zu befassen haben. Das Gesagte dürfte aber ausreichen, um die weitgehenden Unterschiede

---

1) Preußisches Gesetz vom 6. Mai 1869: § 8: „Die Beschäftigung ist so einzurichten und zu leiten, daß die Referendarien sich in sämtlichen Geschäftszweigen des richterlichen, staatsanwaltlichen, Anwalts-, Notariats- und Bureaudienstes eine solche Einsicht und praktische Gewandtheit erwerben, wie sie zur selbständigen Verwaltung des Amtes eines Richters, Staatsanwaltes, Rechtsanwaltes oder Notars erforderlich ist."

§ 10: „Die große Staatsprüfung ist demgemäß darauf zu richten, ob der Kandidat sich eine gründliche Kenntnis des gemeinen und des in Preußen geltenden öffentlichen und Privatrechts erworben habe, wobei insbesondere auf das Rechtsgebiet, wo er seine Ausbildung erlangt, Rücksicht zu nehmen ist, und daß er für befähigt zu erachten sei, im praktischen Justizdienst eine selbständige Stellung mit Erfolg einzunehmen."

zwischen seinen Aufgaben und denen des Referendariates nachzuweisen, ferner die Richtigkeit des Satzes, daß das Studium nie die praktische Ausbildung als solche ersetzen kann, und wenn es noch so praktisch ausgestaltet wäre[1].

Also: Das Studium hat den primären Zweck, zum Handeln in dem oben festgestellten Sinne anzuregen. Aus dieser Grundauffassung ergeben sich die weittragendsten Konsequenzen, die wir noch späterhin zu ziehen haben[2]. Hier aber erhellt sofort die grundlegende Verschiedenheit in dem Wesen des akademischen Unterrichtes und der Ausbildung durch den Repetitor, eine Verschiedenheit dem Zweck und der Methode nach, wie sie tiefer nicht gedacht werden kann. Dies muß kurz ausgeführt werden.

Die Universität, will sie wirklich Männer zu juristischem, selbständigem Handeln erziehen[3], muß von vornherein darauf ausgehen, wie bereits erwähnt, schon den Anfänger zur Mitarbeit zu erziehen, ihn zur kritischen Selbsttätigkeit und Selbständigkeit heranzubilden, ihm die Überzeugung beizubringen, nichts für wahr anzunehmen, was er nicht selbst als wahr erkannt, als wahr sich erarbeitet hat. Wir wollen und können auf der Universität keine Schüler in des Wortes eigenster Bedeutung haben, die blind glauben, was sie kritiklos hören[4]. Aber selbst-

---

1) Vergl. auch Klöppel, 14. Deutscher Anwaltstag S. 16; ferner Verhandlungen des 2. Preußischen Richtertages S. 62ff.; Wach, 25. Deutscher Juristentag Bd. II S. 16.

2) Vergl. weiter unten S. 69ff. und S. 134 ff.

3) Mit Recht weist Wach, 25. Deutscher Juristentag Bd. II S. 11 darauf hin, daß wir auf der Universität Männer und nicht Schulknaben haben wollen.

4) Vergl. die treffende Bemerkung Krückmanns, Archiv für bürgerliches Recht Bd. XIX S. 32: „Mir hat einmal ein Jurist ent-

verständlich (ich brauche die Binsenwahrheit kaum auszusprechen) dieser Geist des Kritizismus, auf den alles ankommt, den wir in erster Linie zu pflegen haben, ist nicht gedacht als ein Geist der Negation. Im Gegenteil: der Geist des Kritizismus ist in Wahrheit der Geist der Produktivität, wie schon ein Blick auf die Rechtsgeschichte, auf die Periode des naturrechtlichen Kritizismus und seiner eminenten Befruchtung des rechtlichen Lebens beweist[1]. Was wir erziehen wollen, sind Fortbildner des Rechtes, die andere und sich kritisieren können, die nie in verba magistri schwören, die über uns fortschreiten sollen und unsere Wahrheiten widerlegen mögen, wenn sie nur zur Erkenntnis, zur Entwicklung des Rechtes in praktischer oder in theoretischer Hinsicht beitragen. Das ist unser Ziel, sonst nichts, Juristen zu erziehen, die im Kampf um und für das Recht ihren Mann stehen werden. Und so können wir sagen: der akademische Unterricht ermöglicht das Examen, aber er bereitet es nicht vor. Das ist die These, die meiner Ansicht nach eine wirklich fruchtbare und kraftvolle Methode bestimmen muß, wie ja Zweck und Notwendigkeit des Examens mit dem Studium selbst nichts zu tun haben.

---

gegengehalten, es hülfe alles nichts, der Student müsse nun anfänglich doch bloß glauben. Schärfer kann man unsere Lehrtätigkeit nicht verurteilen. Nicht glauben soll der Student, keine Sekunde, sondern wissen soll er und erkennen, selber kritisch prüfen in selbständiger geistiger Arbeit. Nur dies macht froh, befriedigt, nur dies weckt Interesse und Tätigkeitsdrang, das mechanische Anlernen ist der Tod aller Wissenschaftlichkeit.“ Vergl. ferner die ausgezeichneten Bemerkungen Leonhards, Noch ein Wort über den juristischen Universitätsunterricht S. 14 f.

1) Daß ich hier kein Naturrecht der Methode nach postuliere, liegt auf der Hand, sei aber ausdrücklich noch hervorgehoben. Vergl. auch noch weiter unten S. 85.

Und nun der Repetitor? Er will von allem gerade das Gegenteil, wenn ich von etwa auch hier vorkommenden Ausnahmen absehen darf, Ausnahmen aber, die doch des ganzen Wesens des Repetitorentums halber sehr seltene Fälle sein müssen und sein werden[1]. Zweck ist hier nur Vorbereitung zum Examen, ja, man kann es geradezu sagen, Examensdressur, Übermittlung mithin aller der Detailkenntnisse, die zum Bestehen des Examens notwendig sind oder vom Repetitor für notwendig erachtet werden. Man sieht, die Stoffübermittlung ist im Repetitorenunterricht an die primäre Stelle gerückt. Und hinzukommt die zweite Funktion, dem Unselbständigen das eigentliche Lernen möglichst zu erleichtern, die Funktion mithin des Einpaukens.

Ich will nicht einmal betonen, daß die Übermittlung des Stoffes häufig in der oberflächlichsten Form erfolgt, so daß dem Juristen nur das beigebracht wird, was der Repetitor unter genauester Kenntnis aller einschlägigen Verhältnisse für notwendig erachtet, damit das Examen bestanden werde[2]. Eines kann nicht geleugnet werden,

---

1) Leonhard, Noch ein Wort über den juristischen Universitätsunterricht S. 18 Anm. 1.

2) Klagen hierüber finden sich in der Literatur so häufig und übereinstimmend, daß es kaum notwendig ist, Zitate zu geben. Vergl. statt aller nur etwa Leonhard, Deutsche Juristenzeitung Bd. XI S. 328; oder Wagner, Österreichische Gerichtszeitung 1908 S. 164: „Das Geheimnis des großartigen Erfolges der letzteren", d. h. der Einpaukanstalten, „liegt in der Komprimierung des Stoffes auf das Mindestmaß dessen, was bei den Prüfungen erfahrungsgemäß gefragt wird"; Kahl, 25. Deutscher Juristentag Bd. III S. 83 und viele andere mehr. Vergl. übrigens die Schilderung der wissenschaftlichen Höhe dieser Repetitionskurse, die Muther, Reform des juristischen Unterrichtes S. 19 f. 1873 gibt, und von der man ohne Übertreibung nur sagen kann, daß sie heute noch zutrifft. Vergl. die Schilderung bei Jakoby, Juristische Wochenschrift 1910 S. 261 f. Beispiele für den Geist dieser Ausbildung ließen sich aus jeder Prüfung zahlreich er-

und das ist: diese ganze Methode, sie mag sogut ausgestattet sein wie sie will, ist falsch ihrem tiefsten Wesen nach, ist ihrem ganzen Zweck nach verfehlt. Denn während der wissenschaftliche Unterricht, wie wir gesehen haben, in erster Linie kritischer Natur sein soll und Selbständigkeit erzielen will, ist dieser Unterricht dogmatisch in des Wortes übelster Bedeutung, und geistige Unselbständigkeit ist das notwendige Resultat einer solchen Methode. Der Schüler (denn wir haben es mit nichts anderem als mit richtigen Schülern des Rechts zu tun) muß in verba magistri schwören, denn nur der Lehrer kennt ja die Geheimlehre der Examenswissenschaft. Der Schüler betet so gläubig nach, was der Repetitor vorbetet. Und manche aus den Kreisen, die am empfindlichsten für all das sind, was akademische Freiheit heißt, hier lassen sie sich eine geistige Sklaverei gefallen, die unheilvoll für das ganze Leben sein muß. Man könnte sich ja eine derartige Vorbereitung nur für das Examen noch am Ende gefallen lassen[1],

bringen. Das skandalöse Treiben mit den Prüfungsprotokollen, auf das Zitelmann nach Zeitungsberichten in den Verhandlungen im preußischen Justizministerium hingewiesen haben soll (vergl. z. B. Neue Badische Landeszeitung No. 516, 1910), ist für den Geist dieses Unterrichtes beweisend. Übrigens kann man die Tatsache der Prüfungsprotokolle wohl als bewiesen, und zwar generell bewiesen annehmen. Mir ist wenigstens von Studenten, die ich über die in Betracht kommenden Verhältnisse offen gefragt habe, die Tatsache selbst stets bestätigt worden, ja, es ist mir sogar erzählt, daß in den Verträgen mit manchen Repetitoren sich eine Klausel befinden soll, wonach der Hörer verpflichtet ist, ein genaues Protokoll über seine Prüfung dem Repetitor einzusenden. Daß in dieser Hinsicht die Öffentlichkeit der Prüfung gewisse und keineswegs ganz geringe Gefahren hat, ist ein Umstand, der nicht übersehen werden sollte.

1) So z. B. Kahl, 26. Deutscher Juristentag Bd. III S. 146 f.; Seckel, Deutsche Juristenzeitung Bd. VII S. 57.

obwohl ich auch in dieser Hinsicht eine selbständige Arbeit vorziehen würde; aber zum Ersatz des akademischen Unterrichtes kann der Repetitorenunterricht nicht benutzt werden, und daß er in der Tat von manchen Studenten dazu benutzt wird, ist eine sehr traurige Tatsache[1]. Denn von Repetitoren wird der kritische Geist nicht wachgerufen werden, kann er gar nicht wachgerufen werden. Auf letzterem allein aber beruht eine wahre Handlungsfreiheit. Und daß eine nicht auf ihm basierende Methode für die juristische Bildung unzureichend ist, ist klar. Denn wie sollte bei ihr das stolze Grundprinzip unserer Gerichtsverfassung gewahrt bleiben, die Unabhängigkeit unserer Richter, die doch stets nicht nur eine organisatorische, sondern vor allem eine wissenschaftliche sein muß? Die hier erzielte geistige Unselbständigkeit, sie müßte und würde zu einem geistlosen Nachbeten in der Praxis führen, zu dem Präzedentienwesen, bei dessen Erstarrung des Rechtsinhaltes eine weitere Entwicklung des Rechtes nichts mehr zu erwarten hat[2].

So gelangen wir zu dem Resultat, daß ein Universitätsstudium mit den von uns weiter oben skizzierten Zielen nicht entbehrt werden kann. Allein wie soll dasselbe im einzelnen ausgestaltet werden? Hier ergibt sich nun aus der Grundauffassung von den Zwecken des

1) Mit Recht weist Zitelmann, Vorbildung der Juristen S. 8 f. darauf hin, daß die Repetitorien doch oft nur schönrednerisch so genannt werden, da nichts vorhanden ist, was repetiert werden könnte.

2) Interessant ist, daß einer der bekanntesten Repetitoren neuerdings selbst ausdrücklich die Verschiedenheiten des akademischen Unterrichtes und der Repetitionskurse betont und letztere nur zur Unterstützung des ersteren verwendet haben will. Papst, Reform des juristischen Studiums S. 3 ff.

akademischen Unterrichtes eine weitere, wichtige Konsequenz. Wollen wir wirklich Männer zu freiem, selbständigem Handeln erziehen, so bedürfen wir hierzu der akademischen Freiheit in ihrem vollen Umfang. Denn nur aus der Freiheit heraus kann die wahre Liebe zur beruflichen Tätigkeit entstehen, nur aus ihr heraus entwickelt sich aber auch im eigensten, besten Sinne die Vorstellung der Pflicht, ohne die ein jedes soziale Leben, eine jede soziale Betätigung unmöglich ist. Darüber ein Weiteres zu sagen, dürfte völlig überflüssig sein[1]. Wohl aber müssen wir uns kurz über den Begriff der akademischen Freiheit verständigen, da dies für die weiteren Ausführungen von Wichtigkeit ist. Die Ansichten darüber stimmen nämlich keineswegs durchaus überein.

Zunächst ist zu bemerken, daß sich die akademische Freiheit sowohl auf die Dozenten wie die Studenten bezieht. Sie erscheint als eine Lehr- und Forschungsfreiheit und als eine Lernfreiheit. Als erstere kommt sie für uns in diesem Zusammenhang nicht in Betracht und kann daher beiseite gelassen werden. Dagegen ist zu erklären, was wir unter Lernfreiheit verstehen. Hier teilen sich die Ansichten. Denn während die einen den Begriff möglichst weit ausdehnen wollen, in ihm die unbeschränkte Möglichkeit für die Individualität erblicken, sich das Studium nach jeder Richtung hin frei wählen, ausgestalten und durchführen zu können[2], sehen die anderen in der Studien-

1) Vergl. etwa Leonhard, Noch ein Wort über den juristischen Universitätsunterricht S. 20 ff.; Dernburg, Reform der juristischen Studienordnung S. 9 ff.; Gneist, Aphorismen S. 33; Kahl, 25. Deutscher Juristentag Bd. III S. 93; Rosin, 26. Deutscher Juristentag Bd. II S. 189 ff.; v. Liszt, Reform des juristischen Studiums S. 39 f.; Stammler, Recht Bd. VI S. 277 ff. in ernstesten Ausführungen und viele andere mehr.

2) So z. B. Rosin, 26. Juristentag Bd. II S. 190 f.; Kaufmann, Juristische Fakultäten und Rechtsstudium S. 24 f.

freiheit nur die Freiheit vom Kollegbesuchszwang [1]. Die verschiedenen Konsequenzen, zu denen diese Meinungen in bezug auf ihre Postulate führen, sind beachtenswert genug. Denn auf der einen Seite wird jede Reglementierung verworfen, Zwangsvorlesungen verpönt und ein Lehrplan für überflüssig erachtet. Auf der anderen Seite dagegen erkennt man an, daß der heranwachsende Student sachverständigen Rat sehr wohl gebrauchen, ja oft gar nicht entbehren kann, wenn man auch über die Grenzen seiner Freiheit im einzelnen nicht immer übereinstimmender Ansicht ist.

Ich bin nun, ohne mich in Einzelheiten der Frage einlassen zu können, der Ansicht, daß die engere Auffassung der akademischen Freiheit die zutreffendere ist. Historisch ist die letztere als Freiheit vom Kollegbesuchszwang entstanden [2]. Den Begriff aber so weit auszudehnen, wie es die weitere Ansicht tun will, hieße die Studenten im wesentlichen zu Autodidakten machen. Systematisch handeln, das sollten doch unsere Juristen auf der Universität lernen. Wie sollen sie sich ein systematisches Studium aber einrichten können, ohne jede Ahnung des Systemes selbst? So, meine ich, kann die Universität einen Lehrplan nicht entbehren. Ihn bindend auszugestalten, dafür liegt kein Grund vor, da ja auch der nur fakultativ angeratene Plan meist von den Studenten befolgt wird [3],

1) So z. B. Leonhard, Noch ein Wort über den juristischen Universitätsunterricht S. 20 ff.; und wohl auch v. Liszt, Reform des juristischen Studiums S. 39 f.

2) Vergl. z. B. Ortloff, Reform des Studiums der Rechts- und Staatswissenschaften S. 8.

3) Rosin, 25. Deutscher Juristentag Bd. III S. 111; 26. Deutscher Juristentag Bd. II S. 185. Gute Ausführungen zu dem im Text Ausgeführten auch bei v. Amira, Wie studiert man Rechtswissenschaft? S. 19 ff.

so daß die seltenen Ausnahmen des Nichtbefolgens mit Rücksicht auf den genialen Eigenbrödler mit in Kauf genommen werden können. Und ich meine auch, daß selbst Zwangsvorlesungen ruhig zugelassen werden können. Tatsächlich existieren sie ja in viel weiterem Umfang, als man gemeiniglich annimmt. Denn überall dort, wo bestimmte Vorlesungen nicht zwangsweise belegt werden müssen, ist die Zulassung zum Examen von einem ordnungsgemäßen Studium abhängig gemacht, so daß dieselbe, falls die notwendigen Vorlesungen nicht belegt worden sind, seitens des Vorsitzenden der Prüfungskommission nicht gewährt werden kann, da dann eben ein ordnungsmäßiges Studium überhaupt nicht vorliegt[1]. Diese Vorlesungen aber, deren Belegen die Ordnungsmäßigkeit des Studiums bedingt, sind in Wahrheit nichts als Zwangsvorlesungen. Will man aber auch dem Studierenden Freiheit lassen, zu entscheiden, was er belegen will, was nicht, ja, warum will man ihm dann die letzte Freiheit versagen, selbst zu bestimmen, ob er überhaupt studieren will? Ich meine, die letzte Konsequenz würde hier folgerichtig nur die Zulassung des völligen Selbststudiums gleichberechtigt neben dem Universitätsstudium sein[2].

---

1) Baden hat einen ganzen Katalog von Zwangsvorlesungen aufgestellt, vergl. die Landesherrliche Verordnung vom 17. Nov. 1899 § 1. Ebenso Sachsen, vergl. Ordnung für die Erste juristische Staatsprüfung vom 5. Febr. 1898 § 8. Vergl. andererseits Preußen, Allgemeine Verfügung vom 3. Nov. 1890 § 5 Abs. 5 b, wonach die Zulassung zur Prüfung verweigert werden kann, „wenn der Rechtskandidat nach den vorgelegten Zeugnissen sein Studium so wenig methodisch eingerichtet hat, daß dasselbe als ein ordnungsmäßiges Rechtsstudium nicht angesehen werden kann.“ Vergl. Daude, Ordnung des Rechtsstudiums S. 130, 231.

2) Rosins Ausführungen, 26. Deutscher Juristentag Bd. II S. 190 f. gehen doch von einer zu einseitigen Betonung der Individualität aus.

Eine ganz andere Frage ist natürlich die, ob man gut tut, im allgemeinen nur den oben geschilderten relativen Zwang zum Belegen von Vorlesungen anzuordnen oder aber einen absoluten, so daß die Vorlesungen namentlich genannt werden, die gehört werden müßten. Bei der letzteren Einrichtung entsteht natürlich die Gefahr, daß im allgemeinen nur die Zwangsvorlesungen gehört werden, nicht aber auch die anderen[1]. Allein dieser Gefahr wäre leicht durch das Examen abzuhelfen, und es müßte ferner der Kreis der Zwangsvorlesungen sehr weit gezogen werden. Jedenfalls scheint es mir nicht unpraktisch zu sein, die Übungen als Zwangsvorlesungen auszugestalten. Allein hier müßte eines dringend gefordert werden: Es dürfte nicht zwischen den verschiedenen Übungen unterschieden werden, so daß die einen Zwangscharakter hätten, die anderen nicht. Da nun, wie wir noch sehen werden, der eminente Wert der Übungen nicht bestritten werden kann, so würde ich vorschlagen, daß neben jeder theoretischen Vorlesung, die zum ordnungsgemäßen Studium gehört, mindestens eine entsprechende Zwangsübung hinzutreten müßte, wobei natürlich mehreren Vorlesungen oft nur eine Gesamtübung zu entsprechen brauchte; ich verweise auf Zivilprozeß und Konkursrecht u. a. m.[2].

Für den Durchschnitt muß eben immer die Durchschnittsregel entscheiden, und der Durchschnitt muß für den Inhalt des Gesetzes maßgebend sein, das insofern stets unter der Herrschaft der großen Zahl steht.

1) Dieser Punkt ist in der Literatur öfters betont worden. Vergl. z. B. Kaufmann, Juristische Fakultäten und Rechtsstudium S. 11, Ausführungen, die allerdings nicht frei von Übertreibungen sind.

2) Auf die Literatur über die Frage, ob Zwangsvorlesungen, ob nicht, kann hier nicht eingegangen werden, da dies zu weit führen würde. Als Gegner zitiere ich beispielsweise Hälschner, Das juristische Studium in Preußen S. 30, 33; v. Liszt, Verhandlungen

Wir verstehen also unter akademischer Freiheit, wie ausgeführt, nur die Freiheit vom Kollegsbesuchszwang mit allen Konsequenzen, die sich aus dieser Begriffsbestimmung ergeben. Und zu dieser engeren Auffassung führt uns endlich auch die Betrachtung des Zweckes, der Funktion der akademischen Freiheit, die sie in Hinblick auf die Ausbildung des Studenten hat. Selbständiges Handeln wollen wir erzielen. Das heißt: der Student soll lernen, seine Freiheit zu gebrauchen und durch den Pflichtgedanken zu regulieren. Er soll sich den Arbeiten des von ihm erwählten Berufes freiwillig unterwerfen. Das ist der entscheidende Grundgedanke [1], der nicht mit dem anderen verwechselt werden darf, daß er sich den Inhalt seiner Berufsarbeit frei bestimmen darf. Freie, selbständige Pflichterfüllung ist das Wesentliche, nicht aber die inhaltliche Selbstbestimmung der Pflicht, wie der Wanderer zwar freiwillig den Berg zu besteigen unternimmt, aber an die Wege gebunden ist, die zum Ziele führen.

Akademische Freiheit in den oben geschilderten Grenzen ist mit aller Bestimmtheit zu postulieren. Daraus ergibt sich das Resultat, daß wir alle diejenigen Vorschläge abzulehnen haben, die auf eine Begrenzung eben dieser Freiheit, also damit direkt oder indirekt

der Internationalen Kriminalistischen Vereinigung, Mitteilungen Bd. IX S. 70, Deutsche Juristenzeitung Bd. VII S. 229 ff.; Eck, am selben Ort Bd. I S. 248; Kaufmann, Juristische Fakultäten und Rechtsstudium S. 10 ff. und andere mehr. Die Bedenken v. Liszts, daß durch die Einführung von Zwangsübungen Durchsteckereien gefördert würden, beruhen auf der Einrichtung der Besuchsscheine, die auch ich perhorresziere.

1) v. Liszt, Reform des juristischen Studiums S. 40 kleidet ihn in die schönen und wahren Worte: „Freiheit ist die aus eigener Entschließung hervorgewachsene Unterwerfung unter das Gebot der Pflicht. Darum ist Freiheit der Grundbegriff jeder Ethik.“

auf einen Kollegbesuchszwang hinausgehen, und wie man sie beachtenswert genug in letzter Zeit wiederholt gemacht hat [1]. Zu diesen Einrichtungen aber, die in der Tat eine Begrenzung der akademischen Freiheit enthalten, rechne ich auch die Zeugnisse über den fleißigen Besuch der Übungen, deren Abschaffung dringend zu fordern ist [2]. Wird doch hier etwas bescheinigt, was der Dozent bei größeren Auditorien kaum zu bescheinigen in der Lage ist, wird doch der Student andererseits zu einer gewissen Minimalarbeitsleistung gezwungen, will er den Schein erlangen. Und hält man das Fleißzeugnis bei den Übungen für notwendig und zulässig, so sehe ich keinen Grund ein, warum man eine solche Einrichtung nicht auch bei den systematischen Vorlesungen trifft, deren Bedeutung nicht hinter der der Practica zurücksteht [3]. Dann aber wäre man in der Tat bei der Beseitigung der akademischen Freiheit angelangt. Daß wir dieselbe aber nicht entbehren können, haben wir, glaube ich, zur Genüge dargetan [4]. Denn sie ist, wir haben das bereits ausgeführt, eins der wichtigsten Hilfsmittel in der Universitätserziehung.

Allerdings ist zuzugeben, daß die der Jugend eingeräumten Rechte mißbraucht werden können und auch häufig mißbraucht werden. Allein ich glaube nicht, daß diese Mißbräuche so sehr große sind und so schwerwiegende Bedeutung haben. Ich bin nicht der Ansicht, daß der Fleiß unserer Studenten besonders stark von dem Fleiß

---

1) Vergl. weiter oben S. 33.

2) Für dieselben namentlich Rümelin, Jahrbuch für Gesetzgebung Bd. X Heft 4 S. 73 ff.

3) Vergl. dazu weiter unten S. 125 f.

4) Beachtenswertes Material zu der ganzen Frage findet sich auch in den Gutachten der österreichischen Universitäten zur Reform des juristischen Unterrichtes von 1887.

der Studierenden anderer Fakultäten absticht. Ich könnte das aus meinen eigenen Erfahrungen [1] und aus dem, was mir andere juristische Dozenten mitgeteilt haben, statistisch nachweisen. Ich bin ferner nicht der Ansicht, daß man ein gelegentliches Schwänzen allzu tragisch nehmen soll. Man darf in der Freude am Dozieren auch nicht übersehen, daß es ein ander Ding ist, eine Vorlesung zu halten, und eben diese Vorlesung zu hören [2]. Und wir wollen doch, daß unsere Studenten nicht nur die Paragraphen des Gesetzes, sondern auch das Leben, und zwar nicht etwa vom Philisterstandpunkt aus kennen lernen [3]. Aber ich bitte auch nicht mißverstanden zu werden: Gewiß, der Student soll auf der Universität ein freies Leben führen, nicht nur sein Fach, sondern auch das Leben studieren, um sich selbst und seine eigenen Möglichkeiten in den verschiedensten Situationen kennen zu lernen, um ferner die Realitäten der sozialen Verhältnisse wirklich zu verstehen. Aber er vergesse nie, daß sein Studium für ihn keine Rechtsausübung, sondern eine Pflichterfüllung ist [4]. Seine Freiheit ist ein sittliches Prinzip, dessen Korrelat die Selbstzucht ist. Und die akademische Freiheit ist nun und nimmer ein Prinzip, das schlechthin und unbedingt gilt. Dergleichen Prinzipien gibt es

1) Allerdings gebe ich zu, daß ein bestimmter Prozentsatz derer, die belegt haben, überhaupt nie in die Vorlesungen kommen. Allein dieser Prozentsatz ist nicht allzu hoch. Ich würde ihn auf 5—10 Proz. schätzen.

2) Vergl. z. B. Rümelin, Jahrbuch für Gesetzgebung Bd. X Heft 4 S. 74.

3) Treffend ausgeführt von Rosin, 26. Deutscher Juristentag Bd. II S. 181 f.

4) Vergl. die vorzüglichen Ausführungen Stammlers, Recht Bd. VI S. 277 ff.

im Leben nur selten, wenn überhaupt je. Die akademische Freiheit hat nur dann Berechtigung, wenn ihre Vorzüge ihre Nachteile übersteigen. Sie wird, wie Leonhard treffend ausgeführt hat[1], in dem Augenblick verschwinden, in dem das Gegenteil eintritt. Denn sie ist, um mit Stammler zu reden[2], keine Faulfreiheit, sondern eine Lernfreiheit. Und so sollten denn auch die Versuche, diese Freiheit zu beseitigen oder doch wenigstens zu beschränken, weit ernster genommen werden, als dies häufig geschieht. Namentlich möchte ich in dieser Hinsicht betonen, daß die Korporationen allen Grund haben, ihre Angehörigen zur Pflichterfüllung, d. h. zum Studieren anzuhalten, nicht aber daran zu verhindern[3]. Denn eine so schöne, eigenartige und wertvolle Begleiterscheinung unserer Universitäten das Korporationswesen ist, so kann es niemals als Endzweck über das Studium gestellt werden. Die akademische Freiheit hat lange nicht existiert. Das vorige Jahrhundert hat sie

---

1) Noch ein Wort über den juristischen Universitätsunterricht S. 20: „. . . . und wir können daher wohl behaupten, daß die akademische Freiheit an dem Tag aufhören wird und muß, an dem es feststeht, daß die Studierenden die ihnen gebotenen Unterrichtsmittel der Mehrzahl nach nicht mehr benützen." So auch Goldschmidt, Rechtsstudium S. 292.

2) Recht Bd. VI S. 280.

3) Daß sie das heute nicht stets tun, kann nicht geleugnet werden. Einmal ist der Prozentsatz wirklich den Vorlesungen folgender Couleurstudenten ein auffallend geringer. Ferner hört man in der Sprechstunde nicht allzu selten das Geständnis, daß der Betreffende ja recht gern die Vorlesung hören würde, wenn er nur nicht durch die Verbindung und die aus dem Verbindungsleben resultierenden Verpflichtungen daran gehindert würde. Daß aber diese Tatsache sich in der juristischen Fakultät am fühlbarsten macht, erhellt ohne weiteres aus dem Umstand, daß die Juristen das Gros der Verbindungsstudenten stellen oder doch jedenfalls relativ am stärksten am Verbindungsleben beteiligt sind.

in vollem Umfang verwirklicht[1]. Jedes Ding in der Welt existiert nur so lange, als es sich bewährt, und so gilt das Wort Goethes auch für unseren studentischen Nachwuchs in bezug auf seine Freiheit: Was du ererbt von deinen Vätern hast, erwirb es, oder hier besser gesagt, verdien es, um es zu besitzen.

Wie nun aber soll im einzelnen der akademische Unterricht ausgestaltet werden? Bei der Beantwortung dieser Frage haben wir Inhalt und Methode des Unterrichtes scharf zu trennen.

Beginnen wir mit dem Inhalt, den der Unterricht haben soll, mit dem Lehrstoff also, der auf den Universitäten dargeboten werden muß. Selbstverständlich kann hier nicht auf alle Einzelheiten der in Betracht kommenden Fragen eingegangen werden. Ich möchte nur auf einige, meiner Ansicht nach besonders wichtige Punkte aufmerksam machen:

Zunächst scheint es mir nicht möglich zu sein, auf die Dauer die präponderierende Stellung des Privatrechtes aufrecht zu erhalten. Allerdings haben wir ja gesehen, daß seine Bedeutung in den letzten Jahrzehnten stark abgenommen hat. Aber immerhin überwiegt es noch so über die anderen Fächer, und zwar lediglich aus historischen, nicht etwa aus methodologischen Rücksichten, daß es noch immer dem Studium sein charakteristisches Gepräge gibt. In erster Linie ist auch heute noch der Rechtsunterricht ein privatrechtlicher. Das mögen die folgenden Zahlen beweisen: Nach dem

1) In Preußen ist sie erst seit 1848 wirklich durchgeführt. Vergl. Ortloff, Reform des Studiums der Rechts- und Staatswissenschaften S. 7 f. Vergl. auch das preußische Ministerialreskript vom 29. Juni 1827. (Gegenwart und Zukunft des deutschen Juristenstandes. Ein Wort aus der Praxis S. 35.)

Studienplan von Göttingen stehen für privatrechtliche Vorlesungen einschließlich der Zivilprozeßvorlesung 43 Stunden zur Verfügung, zu denen noch 12 Stunden Übungen hinzukommen. Für Einführung und reine Rechtsgeschichte sind 5 Stunden vorgesehen, für sämtliche Fächer des öffentlichen Rechtes müssen 24 Stunden genügen nebst 4 Stunden Übungen, von denen jedoch keine obligatorisch ist. Dabei mag erwähnt werden, daß Strafrecht mit 5, Strafprozeßrecht gar nur mit 3 Stunden eingesetzt ist[1]. Und nehmen wir Jena[2], so enthält der Studienplan 47 Stunden für bürgerliches Recht, 11 Stunden für Einführung und reine Rechtsgeschichte, 28 Stunden für das gesamte öffentliche Recht (ausschließlich Zivilprozeßrecht), Strafrecht allerdings hier mit 6, Strafprozeßrecht mit 4 Stunden bedacht. Von Übungen sind 6 Stunden obligatorisch für bürgerliches Recht und Zivilprozeßrecht. Es werden dann noch weiter empfohlen 2 andere privatrechtliche Übungen (Pandektenexegese, Handelsrecht) und 5 auf dem Gebiete des öffentlichen Rechtes. Sowohl in Göttingen wie in Jena ist keine Übung aus dem öffentlichen Recht obligatorisch. Und dieser Satz ist überhaupt auf ganz Deutschland auszudehnen. Wo wir auch Zwangsübungen haben, nirgends ist ausgesprochen, daß wenigstens eine derselben dem öffentlichen Recht gewidmet sein muß. Am weitesten in der Berücksichtigung des letzteren gehen noch Staaten, wie Baden, Oldenburg und andere, die etwa 2 Übungen schlechthin obligatorisch anordnen, es aber dem Kandidaten zu bestimmen überlassen, in welchem Gebiet er Übungen belegen will, vor-

1) Daude, Ordnung des Rechtsstudiums S. 89 f.

2) Vergl. den Studienplan der juristischen Fakultät, der bei Daude l. c. nicht abgedruckt ist. S. S. 118.

ausgesetzt, daß er bei der Examensmeldung mindestens den Besuch einer privatrechtlichen Übung nachweisen kann [1].

Des weiteren werden wichtigste Materien aus dem öffentlichen Recht auf den deutschen Universitäten so gut wie gar nicht getrieben, so Militärstrafrecht, Militärstrafprozeß, Strafvollzug, jene Lehre, die dem ganzen Strafrecht doch eigentlich erst den rechten Inhalt verleiht, u. a. m. Und selbst wenn Vorlesungen über derartige Materien gehalten werden, so können dieselben nicht so gehört werden, wie sie sollten, da sie stets vor den privatrechtlichen Vorlesungen zurücktreten müssen. Daß übrigens, um auf mein eigenes Fach hinzuweisen, 6, ja selbst gar nur 5 Stunden nicht ausreichen können, um Strafrecht wirklich erschöpfend vorzutragen, dürfte ohne weiteres klar sein.

Dieser Zustand ist auf die Dauer unhaltbar [2]. Denn es werden auf unseren Universitäten nicht nur Richter ausgebildet, sondern auch die große Schar der Verwaltungsbeamten, welch letztere mit einer vorwiegend privatrechtlichen Ausbildung nur recht wenig anfangen können. Beide Kategorien aber, die Gerichtsbeamten im weitesten Sinne (inkl. Rechtsanwälte usw.) und die Verwaltungsbeamten ihrer Ausbildung nach schon auf der Universität zu trennen, würde ich für eine außerordentlich unglückliche Einrichtung halten, da einmal der

---

1) Vergl. z. B. Oldenburg, Bekanntmachung des Staatsministeriums vom 3. Juni 1901 § 3 Abs. 3 (Daude l. c. S. 63).

2) Vergl. unter anderen Hälschner, Juristisches Studium in Preußen S. 20 ff.; v. Schulte, Gedanken über Aufgabe und Reform des juristischen Studiums S. 10 ff.; G. Meyer, Studium des öffentlichen Rechtes S. 6 ff.; Burckhard, Reform der juristischen Studien S. 3 ff.; v. Liszt, Reform des juristischen Studiums S. 20 ff.; Ortloff, Reform des Studiums der Rechts- und Staatswissenschaften S. 45 ff.; Goldschmidt, Rechtsstudium S. 236 ff.; Meili, Gesetzgebung und Rechtsstudium der Neuzeit S. 42 ff.; Kaufmann, Juristische Fakultäten und Rechtsstudium S. 10 ff.

Verwaltungsbeamte sicher nicht das Privatrecht ganz entbehren kann, da der Richter andererseits, wie wir sofort noch sehen werden, das öffentliche Recht beherrschen muß, da es endlich im Interesse eines in sich geschlossenen Juristen- und Beamtenstandes zweifellos nicht liegen würde, die Kluft zwischen Justiz und Verwaltung schon auf der Universität beginnen zu lassen[1].

Abgesehen aber auch von den Verwaltungsbeamten, so ist des weiteren zu beachten, daß der Richter nicht nur Zivilprozesse zu entscheiden hat. Seine der privatrechtlichen Tätigkeit durchaus koordinierte zweite Hauptbetätigung ist die auf kriminellem Gebiet, und es ist im höchsten Grade merkwürdig, daß man zwar die Ausbildung in dieser Hinsicht sehr in den Hintergrund treten läßt (die strafrechtlichen Übungen sind in Preußen nicht einmal Pflichtübung![2]), daß aber doch auf keinem anderen Gebiet der richterlichen Tätigkeit die Kritik so scharf eingesetzt hat, als gerade auf dem strafrechtlichen. Endlich hat der Richter, der Rechtsanwalt, der Notar eine ganze Reihe Funktionen auf dem Gebiet des Verwaltungsrechtes zu erfüllen, wie in diesem Zusammenhang nur hervorzuheben, nicht aber weiter auszuführen ist.

Man wende nun nicht etwa ein, die privatrechtliche Bildung genüge für sich allein, da sie generell hinreichende juristische Fähigkeiten verleihe[3]. D e m m ö c h t e i c h m i t E n t s c h i e d e n h e i t w i d e r s p r e c h e n. Denn die Methode und die Grundprinzipien sind auf den verschiedenen

---

1) Auf diese ganze Frage kann hier nicht eingegangen werden. Uns interessiert nur die Ausbildung der eigentlich gerichtlichen Beamten im weitesten Sinne.

2) Allgemeine Verfügung vom 18. Januar 1897 Art. III (Daude, Ordnung des Rechtsstudiums S. 235).

3) So etwa Gegenwart und Zukunft des deutschen Juristenstandes. Ein Wort aus der Praxis S. 45 f.

Gebieten des Rechtes so verschieden, daß die Kenntnis und die Beherrschung des einen Gebietes als ausreichende Bildung in Hinblick auf die übrigen Materien nicht betrachtet werden kann[1 2]. So muß die alte Forderung auch hier erhoben werden: stärkere Betonung des öffentlichen Rechtes, Gleichberechtigung mit dem Privatrecht.

Aber diese Forderung für sich allein genügt nicht. Wollen wir wirklich über die im wesentlichen formale Ausbildung unserer Juristen herauskommen, so muß der formale Stoff des Unterrichtes möglichst materialisiert werden. Und so ergibt sich, daß der Universitätsunterricht auch das Studium der Nationalökonomie in sich fassen muß. Volkswirtschaftliche Ausbildung des Richters, überhaupt des Beamten ist, wie heute die Dinge liegen, unumgänglich nötig. Will der Jurist das Leben beherrschen (und das ist sein Beruf), so muß er es seinen realen Tatsachen nach kennen, denn

---

1) Stammler, Behandlung des Römischen Rechtes S. 8: „Zwar ist der Ruf des ‚bonus pandectista, bonus jurista' keineswegs schon völlig verklungen .... Aber jener alte Satz hat längst aufgehört, in seiner Einseitigkeit die Wahrheit zu sagen." Nicht beistimmen kann ich dem einseitigen Satz des Marburger Studienplanes (Daude, Ordnung des Rechtsstudiums S. 100 f.): „Die erste große Aufgabe des Studierenden, welche die erste Hälfte seiner Studienzeit fast ausschließlich erfüllt und auch noch einen erheblichen Teil der späteren Semester in Anspruch nimmt, ist die Aneignung des Deutschen Bürgerlichen Rechts im Zusammenhange mit dem Römischen und Deutschen Privatrechte, aus denen es erwachsen ist. Frühes und tiefes Eindringen in das Privatrecht ist die erste Voraussetzung eines erfolgreichen Rechtsstudiums. Deshalb liegt der Schwerpunkt des juristischen Studiums in den ersten Semestern."

2) Vergl. bezüglich des systematischen Unterschiedes zwischen öffentlichem Recht und Privatrecht besonders auch Jakoby, Juristische Wochenschrift 1910 S. 264.

mit Begriffen allein läßt sich die Welt nicht meistern. So scheint mir die stärkere Betonung der Nationalökonomie bei der Ausbildung des Juristen durchaus geboten zu sein[1].

Hier bereits sehen wir, daß der Lehrstoff, wie er unserer Auffassung nach dem Juristen auf der Universität geboten werden soll, nach den verschiedensten Richtungen hin erweitert werden muß. Wir haben ihn aber mit unseren bisherigen Ausführungen noch nicht erschöpft. Denn abgesehen von einer Reihe von Nebenmaterien, die im akademischen Unterricht stärker zu betonen wären[2], ich erwähne nur Gewerberecht, Verkehrsrecht, Kolonialrecht, Militärrecht, muß auch noch der Rechtsvergleichung der Raum eingeräumt werden, der ihr gebührt und der ihr heute noch nicht ist. Denn einmal ist die Kenntnis ausländischen Rechtes, wenigstens in seinen Grundzügen, unentbehrlich in unserem Zeitalter internationalen Verkehres. Ferner ist Rechtsvergleichung erziehlich im besten Sinn, denn sie ermöglicht Kritik sowohl negativer wie positiver Art, sie befreit von dem Befangensein in nationaler Beschränktheit, sie weist, wenn

---

1) Auf die sehr umfangreiche Literatur zu dieser Frage braucht hier nicht eingegangen zu werden. Anmerkungsweise sei aber darauf hingewiesen, daß es dringend geboten ist, juristisch-staatswissenschaftliche Fakultäten zu bilden, mithin die Nationalökonomie aus der philosophischen Fakultät in die juristische Fakultät hinüberzunehmen. Eine derartige Verbindung besteht z. B. in Straßburg (Elsaß) und hat sich dort bestens bewährt. Auch diese Forderung ist wiederholt aufgestellt worden. Vergl. z. B. Meyer, Studium des öffentlichen Rechtes S. 27 f. Vergl. ferner zum Ganzen Gierke, Jahrbuch für Gesetzgebung Bd. I S. 1 ff.

2) Vergl. hierzu auch Meili, Gesetzgebung und Rechtsstudium der Neuzeit S. 42 ff., allerdings mit gewissen Übertreibungen; Zitelmann, Vorbildung der Juristen S. 35 f.; Kaufmann, Juristische Fakultäten und Rechtsstudium S. 27 und andere mehr.

irgend etwas, die durchgängige Relativität aller Rechtserscheinungen nach, sie ermöglicht methodologisch ein fremdes Recht aus sich selber heraus systematisch zu erfassen, und sie endlich führt zu der Lehre von der Rechtspolitik über, die ebenfalls auf der Universität zum mindesten der Methode nach gelehrt werden muß.

Zu dieser Fülle von Stoff, der heute nicht genügend berücksichtigt wird, kommen dann noch die Hilfswissenschaften, die stärker herangezogen werden müssen, ich nenne hier nur die Psychologie, deren eminente Bedeutung für alle Gebiete der angewandten Rechtswissenschaft nicht in Frage gestellt werden kann [1].

Bedenkt man nun, daß in den letzten Jahren der Lehrstoff schon eine sehr beträchtliche Steigerung erfahren hat [2], so muß natürlich die Frage ventiliert werden, ob bei dieser Vermehrung der Unterrichtsgegenstände die heute zur Verfügung stehende Zeit von 3 Jahren noch ausreicht. Denn es ist klar, daß, wenn das den Abschluß des Studiums bildende Examen nach 6 Semestern gemacht werden kann, der Lehrplan so aufzustellen ist, daß der Durchschnitt der Studenten den gesamten Lehrstoff innerhalb dieser Zeit zu bewältigen in der Lage ist. Ist das bei der von uns postulierten Vermehrung des Stoffes überhaupt noch möglich?

Bei der Beantwortung dieser Frage haben wir zunächst zu überlegen, ob man nicht, wenn auf der einen Seite Zeit zugesetzt wird, einen Ausgleich dadurch schaffen kann, daß man auf der anderen Seite Zeit erspart.

1) Vergl. hierzu neuerdings Reichel, Forensische Psychologie 1910; ferner Högel, Österreichische Gerichtszeitung 1908 S. 159. Der unermüdliche Vorkämpfer für diese Forderung ist bekanntlich H. Groß.

2) Vergl. Seckel, Deutsche Juristenzeitung Bd. VI S. 57 f.; namentlich Goldschmidt, Rechtsstudium und Prüfungsordnung S. 331 f.; Gneist, 14. Deutscher Juristentag Bd. I S. 137 ff.

Der Vermehrung des Stoffes würde dann eine anderseitige Verminderung gegenüberstehen. Man hat in dieser Beziehung nun namentlich auf die Rechtsgeschichte verwiesen und hat behauptet, hier sei die Gelegenheit, Zeit zu gewinnen [1]. Ich glaube aber nicht, daß auf diese Weise wirklich geholfen werden kann. Denn ich bin nicht der Ansicht, daß das geschichtliche Moment beim Rechtsunterricht mehr als bisher in den Hintergrund treten darf. Allerdings erscheint mir der bekannte Satz, daß man das geltende Recht nur aus seiner Geschichte heraus begreifen kann, in dieser seiner Allgemeinheit nicht nur nicht richtig, sondern sogar recht schwer verständlich [2]. Allein es kann auch nicht zweifelhaft sein, daß an vielen Stellen das Recht nur historisch begriffen und gewertet werden kann, und schon in dieser Hinsicht ist rechtsgeschichtliches Studium unentbehrlich. Aber nicht in dieser mehr praktisch-dogmatischen Richtung liegt die Bedeutung der Rechtsgeschichte für den Rechtsunterricht, wie ja doch dergleichen Fälle auch nicht gerade allzu häufig sein dürften [3]. Vielmehr entfaltet sie ihre eigentlichste Funktion so, daß sie dem Juristen das Gefühl und das Verständnis für die Bedingtheit, die Relativität aller rechtlichen Tatsachen verleiht. Sie ermöglicht erst eine wahre Rechtskritik, wie ja Geschichte stets ein ins Positive gewandter

---

1) Vergl. z. B. Högel, Österreichische Gerichtszeitung 1908 S. 159; Mayr ebenda S. 160; Verhandlungen des 2. Preußischen Richtertages S. 37, 48 und andere mehr.

2) Vergl. dazu die interessanten Abhandlungen von Stammler, Über die Methode der geschichtlichen Rechtstheorie 1888, und Wieland, Historische und kritische Methode in der Rechtswissenschaft 1910.

3) Es würde sich dann auch zumeist um Fälle handeln, die so schwierig sind, daß sie für den Unterricht keine ausschlaggebende Bedeutung besitzen.

Kritizismus ist. So schützt die Rechtsgeschichte mit ihrem Relativismus vor dem Naturrecht in seiner übelsten Bedeutung mit seinen spekulativ gewonnenen, absoluten Urteilen [1] [2] [3].

Aus dem Ausgeführten ergibt sich methodologisch noch eine wichtige Konsequenz, die bedeutungsvoll namentlich in Hinblick auf gewisse Vorschläge ist, die neuerdings gemacht sind. Der historische Stoff muß als geschlossenes

1) Mit Recht bemerkt Waller, Rechtsstudium und Referendariat S. 35, daß es gleichgültig sei, ob die historischen Kenntnisse nach der Prüfung wieder vergessen werden, da der Wert der historischen Schulung nicht in den Kenntnissen selbst, sondern in dem Verständnis für das historisch Gewordene liegt. Wir werden auf diesen Punkt zurückkommen. Vergl. weiter unten S. 149.

2) Vergl. die treffenden Ausführungen Ehrenbergs, Deutsche Rechtsgeschichte und juristische Bildung S. 4: „Somit ist alle Bildung ein Produkt der Erfahrung, die Erfahrung aber beruht auf der Vergleichung mehrerer Objekte, Tatsachen oder Erscheinungen, und hierfür bietet auf dem Felde der Geisteswissenschaften die Geschichte das unvergleichlich großartigste Hilfsmittel dar. Nur an ihr kann man alle Erscheinungen der Gegenwart messen, nur an ihr deren Wert und Zweckmäßigkeit erproben; nur bei einer historischen Betrachtung kann man zugleich begreifen, wie die eine Erscheinung die andere bedingt, zur Blüte oder zum Absterben bringt. So ist die Geschichte recht eigentlich die Erzieherin nicht nur der Menschheit — was oft gesagt ist —, sondern auch des einzelnen Menschen, zur Selbständigkeit, zur Ruhe des Urteils, d. h. zur Bildung, so ist die Rechtsgeschichte die Erzieherin zur juristischen Bildung." Beachtenswert sind auch die Ausführungen Jakobys, Juristische Wochenschrift 1910 S. 263: „Während der historisch geschulte Jurist den Gedanken des Gesetzes sucht, zu dem ihm die Worte nur ein Hilfsmittel sind, bleibt der andere an dem Worte kleben, ja, verwundert sich, wenn es Fälle gibt, in denen das Gesetz ihm kein Wort zur Verfügung stellt."

3) Auf durchaus anderem Standpunkt steht Klöppel, 14. Deutscher Anwaltstag S. 16: „Denn eine wissenschaftliche Rechtsgeschichte ist . . nur die, . . . die dazu dient, dieses geltende Recht zu erklären; eine andere Rechtsgeschichte ist nur ein Antiquitäten- und Raritätenkasten, der für das Leben, aber auch für die Wissenschaft völlig wertlos ist."

Ganze vorgetragen werden, es ist aber nicht angängig, ihn zu zerlegen und die einzelnen Kapitel bei den einzelnen Rechtsmaterien in Verbindung mit ihrer dogmatischen Darstellung vorzutragen. Denn so würde die eigentliche Aufgabe der Rechtsgeschichte nicht mehr erfüllt werden. Kann doch der Gedanke durchgängiger Relativität nur erkannt werden, wenn die Entwicklung der einzelnen Materien in ihrer vielfachen Abhängigkeit voneinander zusammenhängend dargestellt wird. Auf den Zusammenhang kommt hier alles an[1], und jene abgelehnte, spezialisierende Methode könnte nur dann in Betracht kommen, wenn eine dogmatisch-praktische Tendenz auch in bezug auf die Rechtsgeschichte angenommen würde, diese mithin nur zur Erklärung des geltenden Rechtes vorzutragen wäre. Daß dies aber nicht der eigentlichen Funktion des Geschichtsunterrichtes entsprechen dürfte, haben wir bereits ausgeführt. So müßte das Verteilen auf die einzelnen Materien der Rechtsgeschichte ihre funktionelle Bedeutung nehmen, und würde andererseits auch noch die dogmatische Darstellung erschweren, da der Anfänger die Bedeutung des Historischen und seinen Zusammenhang mit dem Dogmatischen kaum in der Lage sein dürfte zu begreifen. Endlich aber würde diese Behandlungsweise zu häufigen Wiederholungen führen. Denn die bedingenden Faktoren der Entwicklung sind auf den verschiedenen Rechtsgebieten oft genug dieselben, so daß sie stets von neuem nachgewiesen und in ihrer Bedeutung vorgetragen werden müßten, was bei einer

---

1) Daß die Rechtsgeschichte dynamisch zu behandeln ist, daß sie mithin auszugehen hat von den wirtschaftlichen, politischen, sozialen und ethischen Machtfaktoren, hat Ehrenberg l. c. S. 7 ff. überzeugend dargetan. Das ist aber nur möglich bei zusammenfassender Behandlung.

zusammenfassenden Darstellung sich in einem Mal abtun ließe.

Auf dem Gebiet der Rechtsgeschichte läßt sich also keine Zeit ersparen. Wohl aber scheint mir das der Fall zu sein auf dem Gebiet des römischen Rechtes. Gewiß, als geschichtliche Materie ist letzteres in der Tat unentbehrlich. Aber in seiner dogmatisch-methodologischen Bedeutung scheint es mir überschätzt zu werden. Und namentlich scheint mir der Beweis bis jetzt nicht geführt, ja kaum einmal wirklich versucht zu sein, warum das römische Recht so notwendigerweise die Institutionen zum bürgerlichen Recht bilden muß und nur allein bilden kann[1]. Es muß doch möglich sein, Institutionen des deutschen Rechts aus unserem eigenen Recht heraus zu schaffen[2], und warum das zu einer verflachenden Behandlung des Rechtsstudiums führen soll[3], das einzusehen ist mir allerdings vollständig unmöglich. Und ferner, gewiß, es mag zugegeben werden, daß die römischen Juristen Klassiker der Jurisprudenz sind. Aber sollte es denn wirklich nur diese eine klassische Periode in der Rechtswissenschaft gegeben haben? Ist es nicht vielmehr richtig, zu sagen, daß die römischen Juristen unsere Klassiker sind, und läßt es sich nicht leicht historisch

1) Stammler, der 1885 (Behandlung des römischen Rechtes in dem juristischen Studium, insbesondere S. 12 ff.) auf einem dem im Text vertretenen nahekommenden Standpunkt gestanden hat, der unter anderem damals Institutionen des Reichszivilrechtes postulierte, vertritt heute eine durchaus abweichende Auffassung. Allein seine diesbezüglichen Ausführungen, Recht Bd. VI S. 280, enthalten jedenfalls keine Beweisführung.

2) Vergl. hierzu namentlich den nach mehr als einer Seite trefflichen und beachtenswerten Aufsatz von Krückmann, Archiv für bürgerliches Recht Bd. XIX S. 1—37.

3) Seckel, Deutsche Juristenzeitung Bd. VII S. 58.

begreifen, wie sie es geworden sind? Ich glaube doch, daß man den Satz wird aufstellen können: die These, daß sich alle menschlich-juristische Weisheit bei den römischen Juristen und nur bei ihnen verkörpert findet, sie beruht zum großen Teil auf der Tatsache, daß man sich eben stets nur mit den römischen Juristen, und zwar Jahrhunderte hindurch auf das eingehendste befaßt hat. Und endlich noch die eine Frage, da ich natürlich nicht daran denken kann, das wichtige Problem der Bedeutung des römischen Rechtes für die Gegenwart in diesem Zusammenhang irgendwie erschöpfend zu behandeln: Zugegeben, die römischen Juristen sind schlechthin die Klassiker der Rechtswissenschaft. Dürfte es sich da nicht empfehlen, wir studierten etwas mehr die Methode des römischen Rechtsunterrichtes? Die Methode also, nach der diese Juristen zu Klassikern erzogen wurden? Haben etwa, frage ich, die römischen Juristen ihr Fach so studiert, daß sie dogmatisch, sagen wir einmal assyrische Gesetze kennen zu lernen versuchten? Daß sie in fremdsprachigen, längst nicht mehr geltenden Quellen die Schlüssel für die Rätsel des sie umflutenden Lebens zu finden suchten? Ich meine, die Geschichte weist uns ein anderes Bild, wir sehen Männer mitten im praktischen Leben stehend, Fragen des Tages, der eigenen Zeit behandelnd und aus den Erscheinungen der Gegenwart heraus die allgemeinen Lehren ihres Rechtes gewinnend, nicht historisch, sondern in erster Linie praktisch-dogmatisch tätig[1]. Und sie waren doch nicht etwa Banausen, wie man heute so leicht an Stelle eines Gegenbeweises den zu nennen beliebt, der

---

1) Vergl. etwa Bremer, Rechtslehrer und Rechtsschulen im römischen Kaiserreich; Sohm, Institutionen des römischen Rechtes 18. Aufl. S. 99ff.

ähnlichen Idealen huldigt[1]. Nun gut, wenn so die Klassiker unserer Wissenschaft lernten und lehrten, warum ahmen wir die großen Vorbilder der Jurisprudenz nicht auch in dieser Hinsicht nach? Die historische Schule lehrt die Relativität jeglicher Rechtserscheinung. Ist denn nur das römische Recht unbedingt und absolut? Dann landen wir da, von wo wir einstens ausfuhren, auf dem Boden des Naturrechtes, das wir doch gerade, und zwar auf immer verlassen zu haben hoffen durften.

Ich wiederhole: meine Ausführungen richten sich nur gegen die dogmatisch-methodologische Überschätzung des römischen Rechtes, wie wir sie jetzt noch konstatieren können, nicht gegen seine geschichtliche Bedeutung, die nicht zu unterschätzen ist. Nach der ersten Richtung hin kann Zeit erspart werden, einmal so, daß Institutionen des bürgerlichen Rechtes nach Art der römischen Institutionen gelesen werden, wodurch natürlich das bürgerliche Recht selbst entlastet wird, ferner dadurch, daß die dogmatische Darstellung des römischen Rechtes durchaus in den Hintergrund treten muß. Und selbst, wenn dadurch die Wissenschaft des römischen Rechtes Einbuße erleiden sollte[2], ich würde das nicht so tief bedauern. Die Wissenschaft selbst kann darunter nicht leiden, denn

1) Wenn Seckel, Deutsche Juristenzeitung Bd. VII S. 58 es eine dilettantische Idee nennt, den Unterricht mit dem BGB. zu beginnen, so ist er einen Beweis für diese Behauptung völlig schuldig geblieben. Und es scheint mir doch begründeter, weil selbstverständlicher zu sein, wenn Biermann, Deutsche Juristenzeitung Bd. II S. 272 ausführt, daß modernes Recht, am modernen Leben dargestellt, sicher kein schlechteres Bildungsmittel als das römische Recht ist. Vergl. auch die treffenden Ausführungen v. Blumes, Deutsche Juristenzeitung Bd. I S. 289 ff., 453 ff. Warum gilt denn auch dies Prinzip der Bedeutung des römischen Rechtes nicht für das Strafrecht?

2) Dies befürchtet Seckel l. c. S. 58.

die wissenschaftliche Kraft wird davon nicht berührt. Das, was dem Recht der Vergangenheit genommen wird, wird dem Recht der Gegenwart, damit auch dem Recht der Zukunft zugute kommen. Und die Einschränkung der Arbeit am römischen Recht wird, soll und muß zu einer Vertiefung der Arbeit am deutschen Recht führen, die trotz des glänzenden Anfanges doch immer noch im Anfang steht[1][2].

---

1) Man hat neuerdings den Vorschlag gemacht, das erste Examen dadurch zu vertiefen, daß den Klausurarbeiten eine exegetische Arbeit über eine Stelle des Corpus Juris hinzugefügt würde. Vergl. etwa Deutsche Juristenzeitung Bd. XV S. 1340. Dieser Vorschlag ist meiner Ansicht nach auf das entschiedenste zu bekämpfen, und zwar aus einer Reihe von Gründen. Zwar sucht man ihn dadurch mundgerecht zu machen, daß man darauf hinweist, das mündliche Examen werde von der Exegese der Quellenstelle entlastet, es würde mithin mehr Raum für modernes, beispielsweise öffentliches Recht gewonnen. Glaubt man das wirklich, und kennt man unsere Romanisten so schlecht? Die römischrechtliche Klausur wird man sich gefallen lassen, aber man wird sich weigern, auch nur eine Minute Zeit vom römischen Recht aufzugeben, da sonst die Wissenschaftlichkeit des Examens in Frage gestellt wäre. Es wird also diese Reform sicher nur zu einer Verstärkung des Romanismus führen. Und ferner: Diese ganze Exegese, läßt sie sich denn auf die Dauer wirklich ernsthaft aufrecht erhalten? Glaubt man ernsthaft an den modernen Praktiker, der im Corpus Juris als in dem heiligen Buch, als in dem Recht der Rechte liest? Bedeutungsvoll oder nicht, die Exegese stärker zu betonen, ist unmöglich, weil undurchführbar. Es ist gar nicht so unrichtig, was Kaufmann, Juristische Fakultäten und Rechtsstudium S. 6 sagt, daß nämlich der bessere Durchschnitt der Studenten vom ganzen römischen Recht als Ausbeute nur einen Komplex römisch-rechtlicher Vokabeln und einige Begriffe mitnimmt. Und das wird sich nicht wieder nach der romanistischen Auffassung hin ändern. Schließlich könnte man ja auch noch eine Papyrusexegese im Examen verlangen!

2) Wenn man darauf hinweist, daß auch in England und Nordamerika das römische Recht studiert wird, so übersieht man, daß dort keine nationalen Kodifikationen bestehen.

So ließe sich am römischen Recht wohl einige Zeit sparen. Allzuviel freilich dürfte es nicht sein. Und wenn wir uns nun an unsere früheren Ausführungen erinnern, an die Erweiterung des Lehrstoffes, wie sie in den letzten Jahrzehnten stattgefunden hat, an die Erweiterung ferner, wie wir sie für die Zukunft selbst noch vorgeschlagen haben, so leuchtet ein, daß wir mit einem dreijährigen Studium einfach nicht mehr auskommen können. So ist eines der dringendsten Postulate, welches wir aufstellen müssen, das, daß die Studienzeit obligatorisch überall da auf vier Jahre verlängert werden muß, wo sie nicht bereits so viel beträgt[1]. Der Einwand, daß dadurch die Ausbildung der Juristen noch kostspieliger werde, läßt sich leicht widerlegen. Denn offenbar könnte die praktische Vorbereitungszeit auf 3 Jahre herabgesetzt werden, da heute die Universität auf vielen und wichtigen Gebieten das leistet, was früher der Praxis zu geben oblag. Und die Verkürzung der Vorbereitungszeit könnte selbst auf die Gefahr hin bewilligt werden, daß die Referendare eine minder glänzende und eingehende Ausbildung im Protokollieren erhalten würden, wie sie eine solche in manchen Teilen Deutschlands heute zu erhalten in der beneidenswerten Lage sind[2].

---

1) Vergl. namentlich Goldschmidt, Rechtsstudium und Prüfungsordnung S. 324 ff.; ferner die Literaturübersicht bei Rosin, 26. Deutscher Juristentag Bd. II S. 163 ff. Neuerdings haben sich für Verlängerung des Studiums noch ausgesprochen: Leonhard, Deutsche Juristenzeitung Bd. V S. 326 f.; Seckel, ebendort Bd. VII S. 57 ff.; v. Bar, Recht Bd. IV S. 363; Zorn, ebendort Bd. XI S. 281. Für Verlängerung hat sich ausgesprochen die Eisenacher Konferenz deutscher Rechtslehrer 1896 (Friedberg, Rechtsstudium S. 22) und der 2. Preußische Richtertag 1910, Verhandlungen S. 62, 4.

2) Selbstverständlich verkenne ich nicht den Wert einer juristisch-praktischen Ausbildung, die von der Pike auf durchgeführt wird.

Nun hat man aber noch einen weiteren Einwand gegen unseren Vorschlag gemacht. Man sagt, der fleißige Student könne in 3 Jahren sein Studium absolvieren, es sei daher eine Härte, ihn länger als nötig auf der Universität zurückzuhalten [1]. Und man weist darauf hin, daß gerade die Studenten, die sich unmittelbar nach Ablauf des 6. Semesters zum Examen melden, erfahrungsgemäß die bestvorbereiteten sind [2]. Allein diese Tatsache ist ohne weiteres zuzugeben und zwar als selbstverständlich, so daß sie als Beweis überhaupt nicht verwertet werden kann. Denn der Fleißige wird natürlich stets suchen, sein Examen zur frühest möglichen Zeit zu absolvieren, während der Faule diesen Zeitpunkt immer gern hinausschieben wird. Das war stets so und wird auch stets so sein. Und auch die Tatsache, daß das Examen bestanden, ja vielleicht sogar gut bestanden wird, ist ohne jede Bedeutung für die Entscheidung der Frage, ob das Studium zu verlängern ist oder nicht. Denn offenbar kann im Examen nur das verlangt werden, was ein Student im Durchschnitt sich in 6 Semestern an Kenntnissen erwerben kann. Die Prüfung kann sich mithin immer nur auf das beziehen, was der Kandidat an Bildung haben kann, nicht aber auf das, was er an Bildung

---

Protokollieren muß gelernt werden, aber darf nicht zum Beruf gemacht werden. Vergl. auch Hellwig, Zeitschrift für Zivilprozeß Bd. XL S. 523.

1) Vergl. z. B. Verhandlungen des 14. Deutschen Anwaltstages S. 14; Gegenwart und Zukunft des deutschen Juristenstandes. Ein Wort aus der Praxis S. 28; v. Jhering, Scherz und Ernst in der Jurisprudenz S. 269 f.

2) Vergl. Deutsche Juristenzeitung Bd. XV S. 1340. So auch schon Kühne, 14. Deutscher Juristentag Bd. III S. 225. Kühne verlangt aber allerdings so scharfe Prüfungen, daß der Student 4 bis 5 Jahre von selbst studieren müsse.

haben sollte. In Hinblick aber auf das, was ein Student an einer Bildung sich in 6 Semestern erwerben kann, müssen wir an dem Satz mit aller Entschiedenheit festhalten, daß auf Grund eines derartigen Studiums nur eine mehr oberflächliche, keineswegs das Gesamtgebiet umfassende, mithin wahrhaft systematische Kenntnis erlangt wird. Das beweist meines Erachtens ein jedes Examen. Und man kann hieraus den Studierenden auch keinen Vorwurf machen. Denn ein wirklich vertieftes Studium ist in 6 Semestern nicht mehr möglich, und der Satz, daß bei normaler Begabung das Studium in 3 Jahren absolviert werden kann, ist zwar bei den heutigen Anforderungen an die Studienleistung richtig, beweist aber nur, daß diese Anforderungen selbst zu niedrig sind[1].

Mehr also als eine oberflächliche Ausbildung kann unter den heutigen Verhältnissen nicht erreicht werden. Und es muß mit aller Offenheit ausgesprochen werden, daß es auch nicht mehr angeht, unseren Studenten immer noch mehr Stoff aufzubürden, ohne ihnen auch die Zeit zu gewähren, denselben zu verarbeiten. Damit treibt man sie dem ödesten Dilettantismus in die Arme, und es wird der Stoff geistlos sich angeeignet, ohne daß auch nur ein ernsthafter Versuch gemacht wird, ja gemacht werden kann, eben diesen Stoff wirklich systematisch zu erfassen und zu durchdenken. Daß aber für die juristische Bildung alles ausschließlich hierauf an-

1) Nach der Deutschen Juristenzeitung Bd. XV S. 1340 soll bei den Reformverhandlungen im Preußischen Justizministerium festgestellt sein: „Wer 3 Jahre wirklich studiert, kann bei normaler Veranlagung das Ziel erreichen." Das Ziel, von dem hier die Rede ist, ist nicht etwa die Ausbildung, wie sie sein soll, sondern das Examen, das sich bezieht auf das Studium, wie es ist, die Ausbildung, wie sie sein kann.

kommt, braucht nicht erst erwähnt zu werden [1]. Und daß unter solchen Verhältnissen der Repetitor ein nur zu geeignetes Betätigungsfeld findet, das sollte nicht in Abrede gestellt werden.

Aber auch abgesehen von der Verflachung der Methode in der Arbeit, die eine solche Stoffhäufung notwendigerweise mit sich bringen muß, so ist des weiteren unter den heutigen Verhältnissen eine vollständige Stoffaneignung nur den Grundgedanken nach kaum noch möglich. Denn unsere juristischen Studenten sind in der Tat bereits überbürdet und werden immer mehr überbürdet [2]. Nehme ich beispielsweise den Lehrplan von Jena, so hat nach demselben der Student im ganzen während der zur Verfügung stehenden 6 Semester 81 Stunden Vorlesung zu hören [3], das macht im Durchschnitt wöchentlich ca. 14 Stunden. Dabei ist aber zu berücksichtigen, daß im letzten Semester aus naheliegenden Gründen nicht mehr so viel Vorlesungen gehört werden können als in dem ersten, daß ferner die sämtlichen Nebenfächer juristischer und allgemeiner Art im Lehrplan außer acht gelassen worden sind. Namentlich gilt dies von Nationalökonomie. Zieht man das in Betracht, so hat man

1) Kaufmann, Juristische Fakultäten und Rechtsstudium S. 6f. hat wirklich nicht so unrecht, wenn er sagt: „So ist schon der Anfang unseres Rechststudiums statt auf ernste, vertiefende und ganze Arbeit auf den Ton schnellen technischen Aneignens von positiven, nie zu rechtem Leben gedeihenden Materialien gestimmt.“

2) Vergl. die treffenden Ausführungen von Enneccerus, 26. Deutscher Juristentag Bd. III S. 125f.; Goldschmidt, Dreijähriges Studium der Rechts- und Staatswissenschaften S. 58 Anm. **); Waller, Rechtsstudium und Referendariat S. 22.

3) Waller l. c. S. 22 berechnet im ganzen rund 110 Stunden wöchentlich, die erforderlich seien, um zum ersten Examen zugelassen zu werden. Er berechnet offenbar Nationalökonomie mit.

im ganzen noch etwa 23 Stunden hinzuzufügen [1], was pro Semester 4 Stunden ausmacht, so daß wir bereits einen Durchschnitt von 18 Stunden pro Semester haben [2]. Hinzukommen die Übungen: obligatorisch sind nach dem Lehrplan für ganz Norddeutschland 3, empfohlen werden weitere 7 Übungen, von denen indessen nur 5 gehalten zu werden pflegen. Der Fleißige wird, muß man annehmen, diese Übungen hören, so daß wir 8 Übungen haben. Da die beiden ersten Semester für Übungen so gut wie ganz in Wegfall kommen, bleiben für 8 Übungen 4 Semester, so daß pro Semester 2 Übungen zu hören wären, d. h. also wöchentlich noch weitere 4 Stunden [3].

---

1) Nationalökonomie 12 Stunden, Gerichtliche Medizin 1, Rechtsphilosophie 2, ein philosophisches Kolleg 2, ein historisches Kolleg 2, ein literarisches Kolleg 2, moderne und alte Sprachen 2. Die Berechnung dürfte keineswegs zu hoch sein.

2) Wenn Waller l. c. S. 22 meint, man könne wöchentlich 25 bis 27 Stunden im Durchschnitt mit Erfolg hören, so scheint mir das als Durchschnittszahl viel zu hoch gegriffen; vgl. auch Rümelin, Jahrbuch für Gesetzgebung Bd. X Heft 4 S. 74.

3) Ich möchte hier einige Beispiele aus dem Leben geben, den Gang der Studien mehrerer meiner Hörer betreffend, die das im Text Ausgeführte klar illustrieren dürften. Ich bemerke, daß es sich um sehr arbeitsame Studenten handelt. Die römischen Ziffern bedeuten die Semester. A. I. Einführung in die Rechtswissenschaft; Einführung in Philosophie und Psychologie; Deutsche Rechtsgeschichte; Römische Rechtsgeschichte und Zivilprozeß; Institutionen; Allgemeine Volkswirtschaftslehre; Handels- und Gewerbepolitik; Geschichte der Nationalökonomie; Wirtschaftskrisen; Geschichte der Juden; Geschichte der Gegenwart. 36 Stunden Vorlesung. II. Deutsches Privatrecht; Pandekten; BGB. 1. und 2. Teil; Spezielle Nationalökonomie; Deutsche Parteigeschichte; Nationalökonomische Tagesfragen; Übungen im Sachsenspiegel. 28 Stunden Vorlesung, 1 Stunde Übungen. III. BGB. 3.—5. Teil; Verkehrswesen; Staatsrecht; Allgemeines Staatsrecht; Völkerrecht; BGB. Praktikum für Anfänger; Staatswissenschaftliches Seminar I und II. 29 Stunden Vorlesungen, 6 Stunden Übungen. IV. Handels- und Wechselrecht; Kirchenrecht; Finanzwissenschaft; Zivilprozeßrecht; Zwangsvollstreckung; Strafpro-

Das Ausgeführte dürfte zur Evidenz erwiesen haben, daß das, was wir von unseren Studenten verlangen, zu viel ist. Ein verständiges, selbständiges Studium, unter-

---

zeßrecht; BGB. Praktikum; Strafrechtspraktikum. 25 Stunden Vorlesung, 4 Stunden Übungen. V. Verwaltungsrecht; Staats- und Völkerrecht (repetendo); Konkursrecht; 12-Tafelrecht; Internationales Privatrecht; Urheberrecht; Sozialpolitik; Zivilprozeßpraktikum; Verwaltungsrechtliche Übungen. 21 Stunden Vorlesung, 4 Stunden Übungen. VI. Preußische Rechtsgeschichte; Freiwillige Gerichtsbarkeit; Kolonialrecht; Öffentlich-rechtliche Übungen; BGB. Praktikum; Pandektenexegese: Handelsrechtspraktikum; Historisch-kriminalistische Übungen; Anleitung zu wissenschaftlichen Arbeiten. 3 Stunden Vorlesung, 9 Stunden Übungen. B. I. Allgemeine Rechtslehre; Römische Rechtsgeschichte und Zivilprozeß; Römisches Privatrecht; Allgemeine Nationalökonomie; Britischer Imperialismus der Gegenwart. 22 Stunden Vorlesung. II. BGB. 1. und 2. Teil; Deutsche Rechtsgeschichte; Post- und Telegraphenrecht; Spezielle Nationalökonomie; Bank- und Börsenwesen; Einführung in die Geschichte der Philosophie; BGB. Praktikum für Anfänger; Pandektenexegese. 25 Stunden Vorlesung, 4 Stunden Übungen. III. Strafrecht; BGB. 3.—5. Teil; Finanzwissenschaft; Deutsches Reichs- und Landesstaatsrecht; Englands Handels- und Sozialpolitik; BGB. Praktikum für Anfänger. 27 Stunden Vorlesung, 2 Stunden Übungen. IV. Zivilprozeßrecht; Allgemeine Staatslehre; Deutsche Rechtsgeschichte (repetendo); Deutsches Privatrecht; Kirchenrecht; Wohnungsfrage; Geld und Kredit; Strafrechtspraktikum; BGB. Praktikum für Fortgeschrittene. 24 Stunden Vorlesung, 4 Stunden Übungen. V. Allgemeine Rechtslehre (repetendo); Strafrecht (ebenso); Konkursrecht; Allgemeine Staatslehre; Wechselrecht; Handels- und Schiffahrtsrecht; Völkerrecht; Exegese deutscher Rechtsquellen. 22 Stunden Vorlesung, 3 Stunden Übungen. VI. Strafprozeßrecht; Verwaltungsrecht; Staatsrechtliche, kanonistische und romanistische Übungen. 8 Stunden Vorlesung, 5 Stunden Übungen. — C. I. System und Geschichte des römischen Privatrechtes; Einführung; Deutsche Rechtsgeschichte; Pandektenexegese. 14 Stunden Vorlesung, 2 Stunden Übungen. II. Römischer Zivilprozeß; Deutsches Privatrecht; BGB. 1. und 2. Teil; Religiöse Strömungen der Gegenwart; Gerichtliche Medizin; Gerichtliche Psychiatrie; Geld-, Kredit- und Bankwesen; Goethes Leben und Werke; Neufranzösische Übungen: Russisch; Geschichte des deutsch-französischen Krieges. 28 Stunden Vorlesung. III. Strafrecht; BGB. Teil 3—4; Kirchen- und Eherecht; Spezielle Volkswirtschaftslehre; BGB. Praktikum für Anfänger;

stützende Arbeit zu Hause sind hier einfach ausgeschlossen, und dabei verlangen wir noch mit Recht, daß der Student auf der Universität auch das Leben kennen lernen soll und muß, um sich demnächst im Leben zurecht finden zu können.

In dieser Überbürdung aber scheint mir auch einer der Hauptgründe für das nicht genügende Interesse des einzelnen an seinem Studium und damit denn auch für den nicht ausreichenden Fleiß zu liegen. So wie die Dinge heute liegen, kann ein wirkliches Interesse an der Rechtswissenschaft im Studenten nur schwer geweckt und noch schwerer aufrecht erhalten werden. Denn nur der kann sich einer Wissenschaft voll erfreuen, der in ihre Tiefe blickt. Und in die Tiefe der Rechtswissenschaft kann bei den geschilderten Studienverhältnissen nicht mehr eingedrungen werden. Das ist außerordentlich bedauerlich. Denn die Bedeutung des Studierens nimmt zu, kann man wohl sagen, im Quadrat bereits erreichter Kenntnis, nicht nur

---

27 Stunden Vorlesung, 2 Stunden Übungen. IV. Strafprozeß; Staatsrecht; Besondere Arten des Zivilprozesses; Zivilprozeß; BGB. Teil 5; 21 Stunden Vorlesung. V. Allgemeine Volkswirtschaftslehre; Finanzwissenschaft: Konkursrecht; Psychologie; Deutsche Kulturgeschichte; Kranken- und Versicherungsrecht; 20 Stunden Vorlesung. VI. Handelsrecht; Wechselrecht; Völkerrecht; Verwaltungsrecht; Preußische Rechtsentwicklung; Freiwillige Gerichtsbarkeit; BGB. Praktikum für Fortgeschrittene; Pandektenexegese; Historisch-kriminalistische Übungen. 13 Stunden Vorlesung, 7 Stunden Übungen. — Bei diesen tatsächlichen Verhältnissen erinnert man sich unwillkürlich an das Preußische Königliche Zirkular vom 27. Nov. 1804, welches besagt, „daß die kurze Dauer des Studiums auf den Universitäten die Ursache gewesen, daß viele Studierende sich eine nur oberflächliche Bildung, mit Vernachlässigung der philosophischen, mathematischen, historischen und anderen Hilfskenntnisse, bloß in Rücksicht auf ihre künftige Hauptberufswissenschaft erworben haben." (Vergl. Gneist, 14. Deutscher Juristentag Bd. I S. 137.)

im Hinblick auf die zu erwerbenden neuen Kenntnisse, sondern auch vornehmlich im Hinblick auf die Freude am Erwerben, auf das Verständnis ferner für das Erworbene.

Der einzige stichhaltige Grund, den man meines Erachtens dem Postulat der Verlängerung der Studienzeit entgegensetzen kann, ist der, daß damit dem Unfleißigen Gelegenheit gegeben wird, statt, wie bisher, nur zwei Jahre, nunmehr deren drei verbummeln zu können[1]. Und in der Tat, glaube ich, liegt in diesem Einwand ein gut Stück Wahrheit. Es kann nicht bezweifelt werden, daß das Examen, wie man auch immer über seinen Wert denken mag, jedenfalls das eine Gute hat, daß es zum Arbeiten zwingt. Wird nun die Prüfung um ein ganzes Jahr hinausgeschoben, so wird ihre diesbezügliche Funktion zweifellos um ein Jahr mit außer Kraft gesetzt, so daß die Arbeitslust in den ersten Semestern vermindert werden muß, da die Aussicht, in 4 Jahren ins Examen zu steigen, doch fürs erste nur eine sehr entfernte ist. Können wir, das ist die ernste Frage, die hier entsteht, das Studium verlängern, ohne gewisse Kontrollmittel dafür zu schaffen, daß die Studienzeit auch wirklich benutzt wird[2]? Die Frage ohne weiteres zu bejahen, erscheint mir bedenklich. Und ich neige denen zu, die ein geeignetes

1) Gegenwart und Zukunft des deutschen Juristenstandes. Ein Wort aus der Praxis, S. 28. Vergl. auch weitere Angaben bei Goldschmidt, Rechtsstudium und Prüfungsordnung S. 32 ff.

2) Von dieser Frage geht auch der preußische Entwurf von 1902 aus, durch den die Studienzeit auf 7 Semester verlängert werden sollte. Der Entwurf ist bekanntlich nicht Gesetz geworden. Vergl. dazu Preußisches Abgeordnetenhaus, 19. Leg.-Per. IV. Sess. 1902, Drucks. No. 43; Rosin, 26. Deutscher Juristentag Bd. II S. 195 ff.; Ortloff, Zwischenzeugnis oder Zwischenprüfung? S. 3 ff.

Kontrollmittel in einer weiteren Prüfung, und zwar einer Zwischenprüfung sehen [1]. Allerdings stehen der Einführung einer solchen sehr schwerwiegende Bedenken entgegen, wie wir noch sehen werden [2]. Allein die Verlängerung des Studiums ist auf der einen Seite durchaus notwendig, auf der anderen Seite ohne Zwischenprüfung meines Erachtens undurchführbar. Bei der Entscheidung dieser Alternative dürfte wohl die Zwischenprüfung das kleinere Übel sein. Allerdings entsteht dann die weitere Aufgabe, bei ihrer Einführung den Bedenken gerecht zu werden, die man gegen sie erhoben hat. Ich glaube aber, daß unsere weiteren Vorschläge, die wir noch späterhin zu entwickeln haben, geeignet sind, das Tentamen bedeutend harmloser erscheinen zu lassen, als es unter den heutigen Studienverhältnissen sein dürfte [3].

Haben wir so den Ausbau des Rechtsstudiums nach Inhalt und Dauer kritisch behandelt, so haben wir uns im folgenden der Frage zuzuwenden, ob der Lehrplan, wie er im allgemeinen übereinstimmend an den deutschen

1) Der preußische Entwurf schlug ein Zwischenzeugnis vor. Rosin l. c. S. 195 ff. hat in überzeugender Weise nachgewiesen, daß es sich dabei in Wahrheit um nichts anderes als um ein verschleiertes Zwischenexamen handelt.

2) Vergl. dazu weiter unten S. 146 f.

3) Man hat allerdings behauptet, das Zwischenexamen garantiere nicht einen vermehrten Fleiß. So namentlich Rosin, l. c. S. 184 unter Hinweis auf die österreichischen Klagen über den trotz bestehender Zwischenprüfung herrschenden Unfleiß der Studenten. Allein einmal beruht dieser Unfleiß zweifellos mit auf anderer Basis als bei uns (vgl. die Gutachten der österreichischen Universitäten zur Frage des Rechtsstudiums 1887 und namentlich Hanausek, Reform der juristischen Studien 1907). Und ferner beweisen die Erfahrungen aus Bayern, daß der Einfluß der Zwischenprüfung ein guter und heilsamer ist. Vergl. z. B. Kipp, Deutsche Juristenzeitung Bd. VI S. 105.

Hochschulen aufgestellt ist[1], ein völlig zutreffender ist. Wesentlich der herrschenden Studienordnung ist, daß mit der Rechtsgeschichte begonnen, und daß erst nach Erledigung der historischen Fächer das moderne Recht in Angriff genommen werden soll. Die Praktikabilität eines solchen Studienganges ist oft bezweifelt worden, und, wie mir scheint, mit Recht. Man sagt zwar, die meisten Juristen wählten ihr Fach, weil sie nicht wüßten, was sie sonst werden sollten, oder aus Rücksicht auf die künftige Stellung. Das ist aber in dieser Allgemeinheit sicher nicht richtig. Natürlich trifft man unter den Juristen indifferente Menschen, die eben, um nur etwas zu werden, sich der Rechtswissenschaft gewidmet haben. Aber dergleichen uninteressierte Menschen gibt es in jedem Beruf, und es dürfte sich wohl erübrigen, für diese Behauptung noch einen Beweis zu erbringen[2]. Und ferner gibt es unter den Juristen nicht

1) Abweichungen kommen vor. Vergl. dazu Daude, Ordnung des Rechtsstudiums S. 4 ff., woselbst die Lehrpläne der einzelnen Universitäten abgedruckt sind.

2) Ich möchte aber doch auf die treffenden Worte Schellings verweisen, der in seinen Vorlesungen über die Methode des akademischen Studium (1803) S. 3 ff. ausführt: „Der Jüngling, wenn er mit dem Beginn der akademischen Laufbahn zuerst in die Welt der Wissenschaften eintritt, kann, jemehr er selbst Sinn und Trieb für das Ganze hat, desto weniger einen andern Eindruck davon erhalten, als den eines Chaos, in dem er noch nichts unterscheidet, oder eines weiten Oceans, auf den er sich ohne Compaß und Leitstern versetzt sieht. Die Ausnahmen der Wenigen, welchen frühzeitig ein sicheres Licht den Weg bezeichnet, der sie zu ihrem Ziele führet, können hier nicht in Betracht kommen. Die gewöhnliche Folge jenes Zustandes ist: bei besser organisierten Köpfen, daß sie sich regel- und ordnungslos allen möglichen Studien hingeben, nach allen Richtungen schweifen, ohne in irgendeiner bis zu dem Kern vorzudringen, welcher der Ansatz einer allseitigen und unendlichen Bildung ist, oder ihren fruchtlosen Versuchen im besten Falle etwas anders als, am Ende der akademischen Laufbahn, die Einsicht zu

nur uninteressierte Studenten. Vielmehr kann man wohl sagen, daß der Jurist im allgemeinen sein Fach aus einem mehr oder weniger bestimmten, generell politischen Interesse an den ihm umgebenden sozialen und staatlichen Verhältnissen wählt[1]. Da nun aber ein jeder überlegter Unterricht an vorhandenes Interesse anzuknüpfen pflegt[2], so ergibt sich das wichtige Postulat ganz von selbst, beim Rechtsunterricht mit dem modernen Recht zu beginnen. Dadurch würde man auch am besten dem oft hervorgehobenen Hunger nach Leben[3] entgegenkommen, wie

---

verdanken, wie vieles sie umsonst getan und wie vieles Wesentliche vernachlässigt; bei andern, die von minder gutem Stoffe gebildet sind, daß sie gleich anfangs die Resignation üben, alsbald sich der Gemeinheit ergeben und höchstens durch mechanischen Fleiß und bloßes Auffassen mit dem Gedächtnisse so viel von ihrem besondern Fach sich anzueignen suchen, als sie glauben, daß zu ihrer künftigen äußeren Existenz notwendig sei. Die Verlegenheit, in der sich der Bessere in Ansehung der Wahl sowohl der Gegenstände, als der Art seines Studierens befindet, macht, daß er sein Vertrauen nicht selten Unwürdigen zuwendet, die ihn mit der Niedrigkeit ihrer eigenen Vorstellungen von den Wissenschaften oder ihrem Haß erfüllen."

1) Stammler, Behandlung des römischen Rechtes S. 19: „. . . . denn, soweit der Entschluß Jurisprudenz zu studieren überhaupt auf begründete Neigung gesetzt werden darf, ist solche — wenigstens in unserem Zeitalter — fast ausnahmslos bewirkt durch ein, allgemein genommen, praktisches Interesse an dem Rechtsleben des Tages, angeregt durch die Frage nach unserem Rechte". Anderer Ansicht z. B. Leonhard, Noch ein Wort über den juristischen Universitätsunterricht S. 6f.

2) Man sollte bei unserem ganzen Problem nie vergessen, daß es sich um eine Frage der Pädagogik handelt, daß mithin jedenfalls auch auf die allgemeinen Lehren dieser Wissenschaft zurückgegriffen werden muß. In sehr beachtenswerter Weise tut dies Krückmann, Archiv für bürgerliches Recht Bd. XIX S. 1 ff.

3) Vergl. etwa Gegenwart und Zukunft des deutschen Juristenstandes. Ein Wort aus der Praxis S. 27; Stammler, Behandlung des römischen Rechtes S. 19; Ehrenberg, Deutsche Rechtsgeschichte und juristische Bildung S. 2; Petri, Juristische Vorbildung S. 5; Fischer,

wir ihn bei dem Anfänger fast immer treffen. Denn dieser Hunger nach Leben ist nicht so sehr ein Hunger nach praktischer Betätigung, wie man irrtümlicherweise angenommen hat [1], als vielmehr ein lebhaftes Interesse an modernen, aktuellen, politischen und rechtlichen Verhältnissen, das allerdings seine Befriedigung kaum bei einer Darstellung des römischen Legisaktionenprozesses finden dürfte. Das Gesagte findet eine wertvolle Bestätigung in der historischen Entwicklung. Denn wir erinnern uns, daß der Fleiß der Studierenden nach allseitiger Beobachtung in dem Augenblick beträchtlich zugenommen hat, in dem das moderne Recht in den Mittelpunkt der Studien gerückt wurde [2]. Die meisten Juristen wollen das soziale und politische Leben in seinen Gesetzen studieren, man ermögliche ihnen das, und man wird nicht nur ihnen gerecht werden, sondern man wird auch vermögen, dem Indifferentesten Interesse an einer Wissenschaft einzuflößen, die bis zu den letzten, tiefsten Problemen des Einzelnen wie der Gesellschaft dringt. Die Rechtswissenschaft ist eben keine historische Wissenschaft, sondern eine soziale Wissenschaft, und so gestalte man ihr Studium. Das Geschichtliche wird dabei nicht zu kurz kommen, aber es wird aufhören zu prävalieren.

Mit dem modernen Recht muß mithin das Studium begonnen werden, und da ist es denn selbstverständlich, sollen die im vorstehenden ausgeführten Gedanken wirklich in die Praxis umgesetzt werden, daß gleich zu Beginn das öffent-

---

Rechtsunterricht und BGB. S. 18; v. Blume, Deutsche Juristenzeitung Bd. I S. 454; Österreichische Gerichtszeitung 1908 S. 163.

1) Zitelmann, Vorbildung der Juristen S. 12f.

2) Vergl. weiter oben S. 17, 22 ff.

liche Recht mitbehandelt werden muß [1]. Einmal entspricht das der heutigen allgemeinen Rechtsauffassung, die nicht mehr auf individualistischem, sondern auf sozialem Standpunkt steht, die weniger von den Menschenrechten des 18. und 19. Jahrhunderts, sondern vielmehr von der Gesamtheit und ihren Gesetzen ausgeht. Auf der anderen Seite ist aber jenes Interesse des Anfängers in erster Linie ein politisches, ein staatliches, und der Student wird leichter in die Materie des Systemes eindringen können, wenn er mit dem obersten Begriff desselben beginnt, mit dem Begriff des Rechtes, mit dem Begriff des Staates [2].

Beginnt man aber mit dem modernen Recht, so muß die Rechtsgeschichte an den Schluß des Studiums treten. Ich gebe zu, daß die rechtsgeschichtlichen Vorlesungen zu Anfang gut den Zwecken der Propädeutik dienstbar gemacht werden können [3], daß hier auch durch die Darstellung der historischen Entwicklung eine Anschaulichkeit, eine Konkretisierung der Rechtssätze erzielt werden kann, die sehr wertvoll sein kann [4]. Ich gebe ferner zu, daß es auch gewisse Gefahren hat, nach dem aktuellen Stoff des geltenden Rechtes den rein historischen Stoff der Ver-

---

1) In einzelnen Lehrplänen deutscher Universitäten wird geraten, öffentliches Recht schon vom ersten Semester an mitzustudieren. So heißt es in dem Lehrplan von Gießen (Daude, Ordnung des Rechtsstudiums S. 51): „Die Fakultät . . . . ist der Ansicht, daß das Interesse der Studierenden an ihrer Wissenschaft erheblich gefördert wird, wenn sie schon von dem ersten Semester an das Studium des öffentlichen Rechts mit dem des Privatrechts verbinden."

2) Vergl. auch Krückmann, Archiv für bürgerliches Recht Bd. XIX S. 26 f.; Reuling, Reform der juristischen Studienordnung S. 8 f.; Burckhard, Reform der juristischen Studien S. 28 f.

3) Darauf weist treffend hin v. Amira, Wie studiert man Rechtswissenschaft? S. 20.

4) So gedenke ich stets mit dankbarer Freude der Institutionenvorlesung Lenels, der Vorlesung über deutsche Rechtsgeschichte bei Laband. Beide hörte ich im ersten Semester.

gangenheit zu bringen. Allein ich schätze die früher entwickelten Bedenken, die gegen Rechtsgeschichte am Anfang sprechen, höher ein. Und ich glaube, ein weiterer, wichtiger Grund, Rechtsgeschichte erst am Schluß zu bringen, liegt im folgenden: Wie Rechtskritik erst einsetzen kann, wenn der gesamte Rechtsstoff beherrscht wird[1], so kann Rechtsgeschichte erst am Schlusse der Ausbildung ihre eigensten pädagogischen Funktionen erfüllen, zur Kritik zu erziehen. Ich glaube nicht, daß man befürchten muß, der Student werde am Schluß der Rechtsgeschichte kein Interesse entgegenbringen. Denn am Schluß der Ausbildung ist Lust und Verständnis zumeist so groß, daß der Student, die Bedeutung der Rechtsgeschichte erkennend, sich mit Eifer auch diesen Vorlesungen zuwenden wird[2], wobei auch noch die Rücksicht auf das nahe Examen ein heilsamer Regulator für den Notfall sein dürfte. Dann aber könnte die Rechtsgeschichte auch weiter ausgebaut werden, sie könnte sich ausgestalten zur Lehre von der Rechtspolitik, oder doch diese zum mindesten ihren Grundzügen nach mitumfassen. Damit würde sie das Studium mit einem harmonischen Schlusse krönen, und während zu Beginn die Enzyklopädie den dogmatischen Überblick über das ganze System gibt, würde die Geschichte am Schluß nochmals das gesamte Material zusammenfassen in kritischer Darstellung und Beleuchtung und würde damit dem Juristen das ermöglichen, was er erst am Abschluß der Ausbildung wirklich erlangen kann,

---

1) Von einer Kritik, die dieser Anforderung nicht entspricht, bietet uns die Gegenwart leider manches unerfreuliche Beispiel.

2) Ich halte mit Kollegen Fehr jährlich gemeinsame historisch-kriminalistische Übungen ab. An ihnen beteiligen sich nur Studierende des letzten Semesters. Ich bin über den an den Tag tretenden Eifer derselben, das Verständnis für die Bedeutung der Rechtsgeschichte stets von neuem erstaunt.

das selbständige Urteil objektiver Rechtskritik. Von der Dogmatik zur Kritik, das, und nur das, scheint mir der richtige Weg zu sein, Menschen zum Handeln zu erziehen[1].

Wenn wir so die Fragen nach dem Inhalt des Rechtsstudiums, der auf es zu verwendenden Zeit und seinen Gang im einzelnen beantwortet haben, so haben wir uns nunmehr der Frage nach der Methode zuzuwenden, die im Rechtsunterricht seitens des Dozenten anzuwenden ist. Auch hier entstehen eine Reihe von Fragen, die von der größten Bedeutung und Tragweite sind.

---

1) Die ganze Frage, ob Rechtsgeschichte zu Anfang oder zu Schluß des Studiums gehört werden soll, ist in der Literatur lebhaft ventiliert worden. An den Schluß wollen sie stellen: Mitteis, Österreichische Rundschau Bd. I S. 129 ff.; Stammler, Methode der geschichtlichen Rechtstheorie S. 53, Behandlung des römischen Rechtes S. 17 f.; Wieland, Historische und kritische Methode in der Rechtswissenschaft S. 26 ff., 34 f.; Krückmann, Archiv für bürgerliches Recht Bd. XIX S. 1 ff., 19; Reuling, Reform der preußischen Studienordnung S. 5 f., 9; Burckhard, Reform der juristischen Studien S. 46; Zitelmann, Vorbildung der Juristen S. 12, 24 f.; v. Blume, Deutsche Juristenzeitung Bd. I S. 291; Ortloff, Reform des Studiums der Rechts- und Staatswissenschaften S. 22 f.: Kantorowicz, Aschaffenburgs Monatsschrift Bd. VII S. 336 Anm. 2; Grimm, Verhandlungen des 2. Preußischen Richtertages S. 17; Kaufmann, Juristische Fakultäten und Rechtsstudium S. 26; Waller, Rechtsstudium und Referendariat S. 39. Auf ablehnendem Standpunkt stehen: O. Fischer, Rechtsunterricht und BGB. S. 18, Jherings Jahrbücher Bd. LIV S. 346 ff.; Hanausek, Reform der juristischen Studien S. 32 ff.; v. Amira, Wie studiert man Rechtswissenschaft? S. 20; Strohal, Deutsche Juristenzeitung Bd. I S. 145 ff.; Lenel, ebendort S. 390. Es kann nicht verkannt werden, daß in letzter Linie die ganze Frage auf die Vorfrage nach der Bedeutung der Rechtsgeschichte überhaupt zurückgeht. Wer durch die Rechtsgeschichte in erster Linie das geltende Recht verständlich machen will, muß sie an den Anfang des Studiums setzen. Wer sie zur kritischen Erziehung benutzen will, kommt zu dem umgekehrten Postulat. Dogmatischer oder kritischer Zweck der Rechtsgeschichte, das ist die eigentliche, entscheidende Frage.

Wir erinnern uns aus unseren früheren Ausführungen, daß bei den Versuchen, eine Reform der juristischen Studienverhältnisse herbeizuführen, die Klage oft und lebhaft ausgesprochen wurde, das Rechtsstudium sei deshalb so schwierig, ja für den Anfänger so unerfreulich, weil ihm die Anschauung für den Stoff, somit das eigentliche Verständnis ermangele[1]. Und in der Tat liegt in der Sprödigkeit, nicht aber etwa der Trockenheit des Materials die größte Schwierigkeit sowohl für den Dozenten als auch für den Studenten[2]. So ergibt sich für die Methode des Rechtsunterrichtes die oberste Forderung, den Stoff anschaulich vorzutragen, eine Forderung, deren Bedeutung gar nicht überschätzt werden kann.

Hier setzen nun jene Reformvorschläge ein, die wir weiter oben kennen gelernt haben[3]), Vorschläge, die alle von dem Gedanken ausgehen, daß eine wirkliche Anschaulichkeit nicht im bloß theoretischen Unterricht, ja, nicht einmal in den praktischen Übungen erreicht werden kann. Wir lernten bereits die Postulate kennen, zu denen diese Auffassung geführt hat. Sie kulminieren alle in dem Gedanken, daß es einer zu dem abstrakten Studium hinzutretenden, das wahre Verständnis erst erzielenden Praxis bedürfe, sei es, daß man eine dem Studium vorangehende Vorpraxis, oder eine dasselbe unterbrechende Zwischenpraxis, oder endlich eine den Unterricht begleitende Nebenpraxis verlangt.

Alle drei Vorschläge erscheinen mir undurchführbar, wie kurz ausgeführt werden muß.

---

1) Vergl. weiter oben S. 31 ff.

2) Durchaus mit Recht sagt Leonhard, Noch ein Wort über den juristischen Universitätsunterricht S. 5, daß für keinen Studierenden seine Aufgabe so dornenvoll ist, wenn sie wirklich ernst genommen wird, wie für den Juristen.

3) Vergl. weiter oben S. 31 ff.

Beginnen wir mit dem Vorschlag der Vorpraxis. Was soll der Anfänger eigentlich aus ihr lernen, und wie denkt man sich die Methode, die bei seiner Unterweisung anzuwenden ist? Er soll nur hören und sehen [1], aber wird er auch nur das Geringste verstehen? Ich selbst habe in England die Erfahrung gemacht, wie unmöglich es ist, ein Rechtsleben ohne theoretische Kenntnisse zu verstehen. Und wenn man die Frage aufgeworfen hat: Wie soll der etwas von einem Prozeß verstehen, der selbst nie einen Prozeß mitgemacht hat? [2], so möchte ich die einfache Gegenfrage erheben: Glaubt man wirklich, daß der, der ohne eine Ahnung vom Recht im Gerichtssaal sitzt, irgendetwas von dem Prozeß aus den vor ihm sich abspielenden Handlungen kennen lernen wird? Diese Handlungen tragen doch nicht ihre eigene Anschaulichkeit an sich, wie etwa die Tannen des Waldes, das Gestein der Gebirge, die Vögel und die Tiere in der Luft und auf dem Land [3]. Die Rechtshandlungen sind äußere Handlungen, die ihre Bedeutung durch außerhalb ihrer selbst stehende Momente erlangen, die ihre Wirkungen äußern über sich selbst hinaus. Weder Ursache noch Zweck noch Wirkung kann allein aus ihnen heraus erkannt werden. Die Beziehungen zwischen den einzelnen Handlungen kann der Laie nie verstehen. Oder, um nur ein Beispiel

---

1) Kitz, Deutsche Juristenzeitung Bd. XIV S. 734.

2) Dernburg, Reform der juristischen Studienordnung S. 22; Hamm, 2. Preußischer Richtertag S. 51.

3) Ganz mit Recht wenden sich Grimm und Boisly, 2. Preußischer Richtertag S. 19 und 61 gegen den Versuch, Analogien zu gewinnen aus anderen Berufsarten, dem Bergfach, dem Forstfach, indem sie treffend auf die inneren Verschiedenheiten hinweisen, die hier vorliegen. Ebenso in bezug auf die Medizin treffend Böthke l. c. S. 53. Für solche Vergleiche z. B. de Niem l. c. S. 57.

herauszugreifen, wie soll er erkennen, daß der Beklagte mit den prozeßhindernden Einreden präkludiert ist, wenn er sich zur Hauptsache eingelassen hat? Soll auch dieses Schweigen anschaulich sein? Die Frage stellen, heißt sie verneinen! Das Essentielle bei allen Rechtshandlungen bleibt stets das, was man sich dazu denken muß, und das kann man nur tun, wenn man bereits Kenntnisse von dem hat, was man sich zu denken hat[1].

Die Vorpraxis ist demnach unmöglich ohne hinzutretende Belehrung. Damit werden aber der Praxis Dinge zugemutet, die zu einer außerordentlichen Belastung derselben führen müssen, und die ferner in keinerlei Zusammenhang mit ihren sonstigen Aufgaben stehen. Wird der Praktiker diese sehr schwierige Unterweisung in den Elementarkenntnissen geben können[2]? Das ist die wichtige Frage, die entsteht, und die man, ohne jemandem zu nahe zu treten, sicher dahin beantworten muß, daß der Dozent mehr in der Lage hierzu sein, und daß der Praktiker wenig Lust zu theoretischen Arbeiten haben wird[3]. Dabei darf man auch

1) Treffend Grimm, 2. Preußischer Richtertag S. 19: „Wenn wir damit das Gebiet der Rechtsanwendung vergleichen, so knüpfen sich hier fast alle der gerichtlichen Regelung unterliegenden Verhältnisse an geschichtliche Vorgänge an und bestehen daher ebenso, wie die sich daran knüpfenden rechtlichen Beziehungen, lediglich in der Vorstellung. Das aber, was sich bei den gerichtlichen Vorgängen den Sinnen Greifbares bietet, ist nur ein leeres Schauspiel . . .“

2) Auf die Schwierigkeit gerade des Elementarunterrichtes hat mit Recht hingewiesen Zitelmann, Vorbildung der Juristen S. 38, wo es heißt: „Von aller Lehrkunst ist die Kunst des Anfängerunterrichtes die gefährlichste und darum in gewissem Sinne auch die schwerste.“

3) Treffend Hellwig, Zeitschrift für Zivilprozeß Bd. XL S. 522. So auch Goldschmidt, Rechtsstudium S. 287.

nicht übersehen, daß das Hauptgewicht sehr bald auf der theoretischen Seite, dem Verständlichmachen, liegen wird. Noch weniger darf aber außer acht gelassen werden, daß der erste Unterricht, wie er der schwierigste für den Dozenten zu sein pflegt, in seinen Folgen auch der bedeutungsvollste ist, weil er oft von Entscheidung für die ganze Richtung sein wird, die der Auszubildende später einschlägt.

Selbst aber zugegeben, dieser Unterricht in und durch die Praxis würde Kenntnisse verschaffen, so wären dies doch immer nur unvermittelte Einzelkenntnisse, die nicht erschöpfend sein könnten. Denn einen völligen Überblick über das ganze Rechtssystem in einer der Zeit nach notwendigerweise kurzen Vorpraxis zu gewinnen[1], ist einfach ausgeschlossen. Einmal ist also das eventuell gewonnene Wissen selbst ein recht dürftiges, andererseits aber auch kein geordnetes. Nun scheint es mir aber gerade in bezug auf den Anfangsunterricht eine der wichtigsten Forderungen zu sein, daß er so systematisch als möglich ist. Denn gerade der Anfänger, soll er das Wesen des Prinzipes der Systematik wirklich verstehen lernen, muß vom ersten Beginn an darauf hingewiesen werden, daß die Rechtsordnung eine systematische Ordnung ist, muß die Zusammenhänge beachten und verstehen lernen, und gerade die Zusammenhänge wird er in der Vorpraxis niemals erblicken können, wie denn auch auf sie in der begleitenden Unterweisung jedenfalls nicht das Hauptgewicht gelegt werden kann. Man hat zwar auf unsere Subalternbeamten hingewiesen, man hat gesagt, was bei

1) Kitz, Deutsche Juristenzeitung Bd. XIV S. 733 schlägt eine Vorpraxis von sechsmonatlicher Dauer vor (drei Monate Amtsgericht, drei Monate Landgericht); Hamm, ebendort Bd. XII S. 23 verlangt eine solche von 6—12 Monaten.

ihnen angängig wäre, müßte auch für unsere Studenten gehen [1]. Ich muß offen gestehen, daß ich diesen Hinweis nicht recht verstehe. Entweder soll er heißen, daß unsere Studenten wie unsere Bureaubeamten aus der Praxis das Nötige lernen können. Dann aber erhellt nicht, wozu ein Studium überhaupt noch notwendig ist. Oder aber es besagt der Einwand, daß es gut sei, die Studenten erst zu Gerichtsschreibern zu erziehen [2]. Nach beiden Richtungen hin ist aber der Hinweis falsch. Denn man mag ja wohl durch die Praxis ganz gute Gerichtsschreiber erziehen, nicht aber denkende, selbständige Juristen. Und daß die rein technischen Fertigkeiten eines Gerichtsschreibers irgendwie von Bedeutung sein können für die spätere systematische Ausbildung, das bestreite ich auf das allerentschiedenste [3]. Nicht darauf kommt es an, um ein Beispiel zu geben, wie eine Klagschrift aussieht und etwa einregistriert wird, sondern darauf, was sie ist und wirkt, d. h. unter welchen Voraussetzungen sie ergehen kann, und welche Rechtswirkungen sie auslöst. Und, um im Beispiel zu bleiben, will man wirklich eine Klage voll erläutern können, ohne auf die Dispositionsmaxime einzugehen? Und wie will man das tun, ohne die Zusammenhänge zwischen Privat- und Prozeßrecht klar zu machen? Wie aber soll das in der Gerichtsschreiberei, ja überhaupt in irgend einem wirklich tätigen Dienstbetrieb erkannt

---

1) Kitz l. c. S. 734.

2) Dies scheint Hamm l. c. S. 23 in der Tat zu wollen, da er den Anfänger nur auf der Gerichtsschreiberei beschäftigt haben will.

3) Eine ganz andere Frage ist, ob der Praktiker Kenntnis vom Bureaudienst haben muß, und diese Frage ist natürlich unbedenklich zu bejahen. Hier aber kommt es nur darauf an, ob jene Kenntnisse notwendig sind für den systematischen Unterricht, ob durch sie eine Vertiefung des systematisch-theoretischen Unterrichtes herbeigeführt werden kann, und das bestreite ich.

oder unterrichtet werden können? Ich glaube, das Ausgeführte genügt, um die Unmöglichkeit, besser noch die Unzweckmäßigkeit einer Vorpraxis dargetan zu haben[1].

Aber auch der Gedanke einer Zwischenpraxis, wie ihn neuerdings namentlich Zitelmann vertreten hat[2], ist a limine abzuweisen. Hier soll der Jurist nach einem kürzeren, einleitenden Studium in die Praxis treten; er soll mithin nicht nur sehen und hören, sondern auch bereits beschäftigt werden. Wie denkt man sich denn eigentlich in der Praxis die Beschäftigungsmöglichkeit der Art nur den Grundlagen nach ausgebildeter Juristen? Wirklich selbständig können sie nicht tätig werden, denn dazu fehlt ihnen die nötige Kenntnis[3], wie auch nicht übersehen werden darf, daß jede ihrer Rechtshandlungen konkrete Wirkungen in den Rechtsverhältnissen des Einzelnen auslösen kann. Nur nebensächliche Arbeiten ihnen zu übertragen[4], dürfte recht wenig nützlich sein, ganz abgesehen davon, daß auch bei der Zwischenpraxis eine begleitende Unterweisung absolut notwendig ist. Es kehren also viele jener Bedenken wieder, die

---

1) Vergl. auch noch zum Ganzen die treffenden Ausführungen von Stooß, Deutsche Juristenzeitung Bd. XIV S. 1058 ff. Bei den kürzlichen Verhandlungen im preußischen Justizministerium ist der Vorschlag einer Vorpraxis abgelehnt worden, weil die praktische Beschäftigung notwendigerweise nur subalterner Natur sein könnte. Vergl. Deutsche Juristenzeitung Bd. XV S. 1338 f.

2) Deutsche Juristenzeitung Bd. XV S. 505 ff., Vorbildung der Juristen.

3) Sehr mit Recht weist Goldschmidt, Rechtsstudium und Prüfungsordnung S. 289 darauf hin, daß der Student beim Eintritt in die Praxis gerade diejenigen Materien noch nicht kennt, die er praktisch zu handhaben hat.

4) So Zitelmann, Vorbildung der Juristen S. 31. Mit Recht aber weist Hellwig, Zeitschrift für Zivilprozeß Bd. XL S. 529 darauf hin, daß man Kenntnis in der Praxis nur durch eine das Ganze umfassende Betätigung erwerben kann.

wir gegen die Vorpraxis geltend machen mußten. Und ich glaube, man kann ruhig sagen, daß die Zwischenpraxis auf der einen Seite nicht sehr viel leisten, andererseits die Praktiker sehr belasten wird. So ist es denn auch interessant, daß der Gedanke an eine derartige Einrichtung gerade von den Praktikern am entschiedensten abgelehnt ist, die sich dafür bedanken, nur halb ausgebildete Referendare beschäftigen zu müssen [1]. Die Gefahr, die aber darin zu erblicken ist, daß diese Referendare in der Praxis zu Kasuisten ausgebildet und schließlich zu schwereren Arbeiten herangezogen werden, darf endlich gleichfalls nicht übersehen werden. Denn hier wird die systematische Ausbildung wieder in Frage gestellt, die sowieso durch eine Auseinanderreißung des Studiums in zwei zeitlich weit auseinanderliegende Teile auf das äußerste bedroht wird [2].

Man hat nun einige dieser Einwände dadurch zu widerlegen versucht, daß man auf die früheren Verhältnisse verwiesen hat [3]. Wie früher der Pandektenjurist ohne Kenntnis des geltenden Rechtes in die Praxis trat, und wie es auch da ging, so solle es auch heute möglich sein, daß der Jurist sich praktisch betätige, ohne das gesamte Recht zu kennen. Allein dieser Hinweis läßt manches und wohl das Wesentliche außer acht. Denn damals trat der Jurist erst in die Praxis nach abgeschlossener Gesamtausbildung, und es sollte doch nach der damaligen Auffassung, die ja auch heute

1) Vergl. z. B. Gegenwart und Zukunft des deutschen Juristenstandes. Ein Wort aus der Praxis S. 31; Kitz, Deutsche Juristenzeitung Bd. XIV S. 733 ff.; vergl. ferner die Verhandlungen des 2. Preußischen Richtertages S. 51, 56, 58, 60.

2) So auch schon Ortloff, Reform des Studiums der Rechts- und Staatswissenschaften S. 29.

3) Zitelmann, Vorbildung der Juristen S. 32.

noch vertreten wird[1], die Ausbildung im römischen Recht ihn gerade befähigen, sich auch in einem fremden, i. e. eigenem Recht zurechtzufinden. Die römisch-rechtliche Erziehung sollte ja gerade die Idealerziehung schlechthin sein. Und dann die weitere Frage: Ging es denn damals wirklich gut? Ich glaube, unsere früheren Ausführungen[2] haben uns bereits das Gegenteil bewiesen, wie es doch auch erfreulich ist, daß heute übereinstimmend zugegeben wird, daß die bessere theoretische Vorbildung der Referendare für die praktische Ausbildung von größter Bedeutung ist. Zu den ehemaligen schlechteren Verhältnissen zurückzukehren, daran können wir nicht ernsthaft denken. Und wenn man ferner auf den Vorteil hinweist, daß durch die Zwischenpraxis die Erkenntnis von der Notwendigkeit theoretischer Vorbildung erweckt wird[3], so scheint mir dieser Vorteil durch die weiter oben geschilderten Nachteile viel zu teuer bezahlt zu sein. Die Zwischenpraxis muß ihren eigensten Zwecken nach immer von einer gewissen Dauer sein, Kürze ist hier unmöglich[4], und sollten wirklich zum mindesten 2 Jahre erforderlich sein, um dem Studenten eine Überzeugung beizubringen, die ebensogut bereits in den Anfängerübungen erweckt werden kann? Endlich, spricht nicht dieser letzte Hinweis selbst jedenfalls gegen eine Zwischenpraxis? Denn ohne Sinn für die Not-

1) Ähnlich z. B. Leonhard, Noch ein Wort über den juristischen Universitätsunterricht S. 19.

2) Vergl. weiter oben S. 5ff.

3) Zitelmann, Vorbildung der Juristen S. 31 f.: „Aber gerade darin, daß er", d. h. der Referendar, „sich, eben weil er noch ohne gründliche theoretische Vorbildung ist, vor die Unmöglichkeit gestellt sieht, höhere praktische Arbeiten befriedigend zu verrichten, erblicke ich . . . einen Hauptvorteil der Neueinrichtung: er soll ja dadurch inne werden, wie sehr ihm eine theoretische Vorbildung nottut."

4) Zitelmann l. c. S. 31 schlägt eine Dauer von 2 Jahren vor.

wendigkeit theoretischer Ausbildung kann ja das Vorstudium eine nutzbringende Bedeutung nicht haben. Dann wäre aber das Richtigste die Vorpraxis [1].

Abschließend sei endlich noch darauf hingewiesen, daß der Rücktritt auf die Universität sich ebenfalls sicher nicht so leicht vollziehen wird, wie man denkt. Und ich bin mir mehr als zweifelhaft, d. h. nein, ich bin es nicht, ich bin bereits vom Gegenteil überzeugt. Ich bin überzeugt, daß die große Mehrzahl der Studenten nicht mit reiner Begeisterung in die Hörsäle zurückkehrt, nachdem ihnen einmal der freie Wind des Lebens um die Ohren gepfiffen hat [2]. Und die Richtigkeit dieser Annahme wird durch die Tatsache bewiesen, daß so selten Referendare von der Möglichkeit Gebrauch machen, Vorlesungen zu hören, wenn sie dazu Gelegenheit haben [3].

Also auch dem Gedanken einer Zwischenpraxis gegenüber haben wir uns ablehnend zu verhalten [4]. Und nicht anders ist es mit dem Postulat der Nebenpraxis, d. h. also der Forderung, daß das Studium von einer parallel

1) Darauf weist treffend hin Kitz, Deutsche Juristenzeitung Bd. XIV S. 733 f.

2) Diese Bedenken heben bereits hervor Gegenwart und Zukunft des deutschen Juristenstandes. Ein Wort aus der Praxis S. 31 f.; Ortloff, Reform des Studiums der Rechts- und Staatswissenschaft S. 28 ff., Zwischenprüfung S. 32 ff.

3) Vergl. v. Liszt, Reform des juristischen Studiums S. 5.

4) Die Literatur hat sich ebenfalls zumeist ablehnend verhalten. Vergl. außer den bereits Zitierten noch ferner: Pann, Zur Reform des juridischen Studien- und Prüfungswesens S. 29 ff.; Nowack, Reform der juristischen Studien S. 7 f.; Goldschmidt, Rechtsstudium und Prüfungsordnung S. 289 f. Die im preußischen Justizministerium 1910 zur Prüfung der ganzen Frage zusammengetretene Kommission hat den Gedanken der Zwischenpraxis fast einhellig abgelehnt. Deutsche Juristenzeitung Bd. XV S. 1338. Neuestens hat sich dagegen noch ausgesprochen Hellwig, Zeitschrift für Zivilprozeß Bd. XL S. 522 f. mit beachtenswerter Begründung.

laufenden praktischen Tätigkeit begleitet werde. Man hat diesen Vorschlag in sehr verschiedenen Formen gemacht. Einmal hat man die Gründung juristischer Kliniken vorgeschlagen, in denen die Studenten praktisch arbeiten sollen [1], namentlich hat man die unentgeltlichen Rechtsberatungsstellen zu solchen Kliniken einrichten wollen [2]. Auf der anderen Seite hat man eine gleichzeitige Beschäftigung, namentlich in den Ferien an den Gerichten verlangt, und zwar unter sachkundiger Leitung von Richtern [3].

Was nun zunächst den Vorschlag betrifft, die unentgeltlichen Rechtsberatungsstellen mit den Universitäten zu verbinden und damit dem Studium dienstbar zu machen, so ist derselbe von Lenel bereits so zutreffend widerlegt worden, daß seinen diesbezüglichen Ausführungen nichts weiter hinzugefügt zu werden braucht. Es kann vielmehr einfach auf sie verwiesen werden [4], wobei immerhin zugegeben werden mag, daß ältere Studenten als Assistenten der Leiter solcher Auskunftsstellen wohl mit Erfolg herangezogen werden können.

Was aber die übrigen Vorschläge für die Einrichtung von Kliniken betrifft, so kann ich mir einen wirklichen Vorteil von ihnen kaum versprechen, soweit durch sie gegen-

1) So z. B. Umgestaltung der juristischen Ausbildung S. 15 f.; ferner namentlich (wohl aber nicht immer ernsthaft) v. Jhering, Scherz und Ernst in der Jurisprudenz 10. Aufl. S. 70 ff.

2) So namentlich Frommhold, Deutsche Juristenzeitung Bd. V S. 448 ff.

3) So z. B. Lohmann und Riß, 2. Preußischer Richtertag S. 21 und 60.

4) Deutsche Juristenzeitung Bd. VI S. 57 ff. Lenel ist einer der besten Kenner der ganzen Einrichtung. Interessant ist, daß ähnliche Vorschläge in Österreich schon gegen 1750 gemacht sind, vergl. Pann, Zur Reform des juridischen Studien- und Prüfungswesens S. 30 Anm. 16.

über dem bereits Vorhandenen ein wesentlich Neues gebracht werden soll. Solange man sich darauf beschränkt, in ihnen Akten usw., d. h. also Anschauungsstücke den Studenten vorzulegen, so wäre dagegen an sich nichts einzuwenden. Nur geschieht dies ja auch jetzt schon[1], und sehr viel wird damit auch nicht erreicht. Solange aber die Klinik in einer kopierenden Tätigkeit der Praxis besteht, so lange lehne ich wenigstens derartige Einrichtungen schlankweg ab. Denn die Praxis läßt sich nicht kopieren[2]. Das ist ein so selbstverständlicher Satz, daß er nicht weiter ausgeführt zu werden braucht. Und nur kurz sei noch darauf hingewiesen, daß durch derartige Kliniken auch die Zwecke des Universitätsunterrichtes verwischt werden, die in der theoretischen Ausbildung bestehen, während die Praxis lehrt, abstraktes Wissen sofort in konkrete Handlungen umsetzen zu können.

Was endlich den Vorschlag betrifft, die Studenten gleichzeitig unter sachkundiger Leitung an den Gerichten zu beschäftigen, so ist ein solcher unmöglich zu realisieren. Einmal stehen hierfür an den Gerichten keine Kräfte zur Verfügung, ferner ist die Praxis für den nicht ausgebildeten Studenten keineswegs sehr instruktiv, wie wir bereits gesehen haben[3], endlich aber geht auch die Praxis nicht dem Studium so parallel, daß eine fortlaufende

1) Bei den Angriffen der Praktiker gegen unsere Studienverhältnisse wird nicht selten der Fehler gemacht, daß der Praktiker von den Verhältnissen seiner Studienzeit ausgeht, den Fortschritten aber im Universitätsunterricht nicht Rechnung trägt, weil er sie nicht kennt.

2) Vergl. die trefflichen Ausführungen Hellwigs, Zeitschrift für Zivilprozeß Bd. XL S. 527. Ähnlich auch schon Wach, 25. Deutscher Juristentag Bd. II S 90.

3) Vergl. weiter oben S. 106 f.

Beschäftigung möglich wäre. Daß andererseits den Studenten dringend zu raten ist, sich in den Ferien und auch sonst an Gerichtssitzungen zu beteiligen, am besten mit dem Gesetzbuch in der Hand, kann nicht geleugnet werden. Es dürfte dies auch eine nutzbringendere Tätigkeit sein, als die Zeit in den öffentlichen Examina tot zu schlagen, zu welchen ja doch nur die Examensfurcht, nicht aber Drang nach Erkenntnis führt. Allein etwas Neues wäre damit sicherlich nicht erreicht, denn den Besuch der Gerichtssitzungen haben die Dozenten wohl schon immer angeraten. Diesen Besuch irgendwie obligatorisch anzuordnen, geht natürlich nicht an, ihn aber unter die Leitung von Dozenten zu stellen, erscheint mir ebenfalls nicht angebracht, da hierdurch eine Mehrbelastung der letzteren herbeigeführt würde, die außer allem Verhältnis zu dem Erreichten stehen würde [1], da ferner hier die Selbsttätigkeit, das Selbststudium zu denselben Resultaten führen kann wie ein Besuch mit Dozenten.

So bleibt mithin nichts übrig, als daß wir Dozenten uns selbst bemühen, den Unterricht anschaulich zu gestalten. Und daß dies möglich ist, habe ich selbst auf der Universität erlebt in den unvergeßlichen Pandekten-vorlesungen Ecks, in den glänzend-plastischen Vorträgen über Prozeßrecht bei Sigismund August Schultze, Vorlesungen, in denen wir nichts von Trockenheit des Materiales merkten, in denen uns das Recht nicht als eine Summe abstrakter Sätze, als ein Wust toter Paragraphen, sondern als die reale, wirkende Macht im Leben aus dem Leben selbst entgegentrat.

---

1) Auch in dieser Hinsicht vergl. die Ausführungen Hellwigs l. c. S. 529.

Wie aber nun die theoretischen Vorträge anschaulich zu gestalten sind, das muß natürlich der Einzelne mit sich abmachen. Reglementierende, allgemeine Sätze sind hier unmöglich, ja, sie wären sogar in bestimmter Richtung nicht unbedenklich. Denn es scheint mir heute ein besonderer Reiz des Universitätsunterrichtes für den Studenten gerade darin zu liegen, daß er verschiedene Methoden bei den verschiedenen Dozenten trifft.

Um aber die Anschaulichkeit zu gewährleisten, sind alle Hilfsmittel recht, Beispiele, kurze Vorführungen von Entscheidungen, Anschauungsstücke usw. Selbstverständlich muß ferner stets auf den sozialen, wirtschaftlichen oder staatlichen Zweck hingewiesen werden, wenn man so sagen darf, auf die politische Bedeutung der Rechtssätze, denn nur wenn der Hörer die äußere Notwendigkeit des Rechtssatzes erkannt hat, wird er Interesse und Verständnis für seinen inneren Gehalt gewinnen[1]. Es sind ferner die Studenten von Anfang an auf eine eingehende Lektüre der Prozeßberichte in den Zeitungen hinzuweisen, aus denen für das Prozeß- und Strafrecht auch am besten die illustrierenden Beispiele genommen werden[2]. Kurz, was immer der Veranschaulichmachung des Unterrichtes dienen kann, ist hier willkommen. Zu diesem Zweck besitzen wir auch bereits ganz vortreffliche Hilfsmittel, die mit größtem Vorteil benutzt werden können, ich erinnere nur an Krückmanns Rechtsatlas, an die Aktenstücke von Stein, Schmidt und v. Hippel. Aber eines darf nicht außer acht gelassen

1) Vergl. auch Lohmann, 2. Preußischer Richtertag S. 60f., dem aber entgegen zu halten ist, daß die von ihm postulierte Methode längst an deutschen Hochschulen angewandt wird. Vergl. auch Wach, 25. Deutscher Juristentag Bd. II S. 7.

2) Auf die Bedeutung der Zeitungslektüre weist treffend hin v. Amira, Wie studiert man Rechtswissenschaft? S. 23f.

werden: All das sind nur Hilfsmittel, die nichts an dem einen ändern können, daß die Vorlesung im wesentlichen ein zusammenfassender, systematischer Vortrag ist und sein muß, der die Grundprinzipien herausarbeitet und die Detailvorschrift als Konsequenz eben jenes Grundprinzipes nachweist. Daran kann nichts geändert werden, denn das Ziel bleibt immer dasselbe, den Hörer zur systematischen Verwertung und Anwendung des Gesetzes zu erziehen. Es ist mithin auch eine konversatorische Form der Vorlesung durchaus abzulehnen[1]. Gewiß, Fragen können in der Vorlesung gestellt werden, namentlich dann, wenn man sich vergewissern will, ob man verstanden ist. Und ebenso mag eine Stunde konversatorisch verwendet werden, wenn man einen Ruhepunkt schaffen und das bereits Vorgetragene in das Gedächtnis der Hörer kurz zurückrufen will. Aber die konversatorische Form zur ausschließlichen zu machen, scheint mir abwegig zu sein, weil dabei wirkliche Systematik unmöglich ist.

Nun ist allerdings nicht zu leugnen, daß bei einem durchgängigen Vortrag der Hörer sich zumeist passiv verhalten muß, und daß dies eine gewisse Anstrengung erfordert, kann ebenfalls nicht in Abrede gestellt werden[2]. Allein einmal erfordert ein jedes Studium gewisse Anstrengungen. Und ferner ergibt sich für den Dozenten eine wichtige Forderung, die aus den letzten Zielen des Studiums selbst resultiert. Eine jede Vorlesung muß so sein, daß sie den Hörer zur selbständigen Mit-

1) Vergl. auch v. Liszt, Reform des juristischen Studiums S. 25. Mehr für Konversatorien Jakoby, Juristische Wochenschrift 1910 S. 264.

2) Rümelin, Jahrbuch für Gesetzgebung Bd. X Heft 4 S. 74; Ortloff, Reform des Studiums der Rechts- und Staatswissenschaften S. 40 Anm. **). Gute Ausführungen zum Ganzen ebendort S. 38 ff.

arbeit zwingt[1]. Daraus folgt, daß der Dozent am besten nicht diktiert, sondern dem Studenten es überläßt, den wesentlichen Gedankengang aus dem Vortrag selbst herauszuarbeiten. Dabei wird der Hörer nicht nur rezeptiv, sondern direkt produktiv tätig. Ferner muß, wie wir bereits bemerkt haben, von Anfang an die Kritik des Anfängers angeregt werden; so ist ein Eingehen auf Kontroversen keineswegs zu vermeiden, lernt doch der Student hierbei zugleich, wie Kontroversen zu behandeln sind. Endlich aber muß in den Vorlesungen eine ergänzende Tätigkeit durch Lektüre geeigneter Werke, durch kleinere Arbeiten usw. angeregt werden. Ich glaube, Vorlesungen, so durchgeführt, erziehen zur produktiven Mitarbeit, ja verlangen von Anfang an produktive Mitarbeit, so daß in ihnen die rasche Abspannung, wie man sie bei rein rezipierender Tätigkeit beobachten kann, wohl kaum eintreten wird[2].

---

1) Gute Ausführungen über die Bedeutung der Vorlesungen bei Gneist, Aphorismen S. 9 ff. (S. 10: „Die Hauptsache aber bleibt in unserer Weise, daß der freie Lehrvortrag die geistige Mitarbeit der Studierenden erzwingt . . . . . .“); v. Liszt, Reform des juristischen Studiums S. 24 ff.; Ortloff l. c. S. 38 ff. u. a. m. Ich denke natürlich nicht mit dem im Text Gesagten viel Neues zu geben. Mir kommt es aber darauf an, meine eigene Stellungnahme im Zusammenhang zu entwickeln.

2) Ich unterschreibe Wort für Wort die trefflichen Ausführungen v. Amiras, Wie studiert man Rechtswissenschaft? S. 22: „Beim Hören von Vorlesungen aber empfehle ich Ihnen, daß Sie möglichst auf reproduzierende Mitarbeit halten. Machen Sie sich nicht zum Sklaven Ihres Ohres. Trachten Sie, weniger Worte und mehr Inhalt nachzuschreiben. Sie müssen größeren Wert darauf legen, dem Vortrag des Lehrers verständnisvoll zu folgen, ihn mitzudenken, als die Vorlesung geschrieben mit nach Hause zu nehmen. Der Hauptvorteil des Nachschreibens besteht darin, daß man die Gedanken zusammenzuhalten genötigt ist. Man wird verhindert, seine Gedanken abschweifen zu lassen. Ich möchte insbesondere empfehlen, möglichst wenig nachzustenographieren, viel eher in Kurrentschrift zu schreiben. Sie werden weit mehr das Wesentliche aufzeichnen. Manches Neben-

Neben die systematischen Vorlesungen haben dann die Übungen zu treten. Über ihren Wert auch nur ein Wort zu verlieren, erübrigt sich. Wenn etwas ihre Notwendigkeit bewiesen hat, so ist es die Tatsache, daß die Studenten in ihnen es stets an Fleiß nicht haben fehlen lassen, daß sie ihnen vielmehr immer das größte Interesse entgegengebracht haben. Und man kann auch nicht etwa sagen, daß dies ein handwerksmäßiges Interesse wäre, ein Interesse an Subsumptionsjurisprudenz, wie man wegwerfend gemeint hat [1], ein Drang, Routine zu erlangen auf Kosten wissenschaftlicher Ausbildung. Dagegen spricht schon die eine Tatsache, daß Männer anerkannter wissenschaftlicher Größe offen ausgesprochen haben, daß sie die wahre Freude am juristischen Studium erst in den Übungen kennen gelernt haben [2].

Was den Inhalt der Übungen, ferner die Art und Weise anbetrifft, nach welcher sie abgehalten werden, so können wir drei verschiedene Kategorien unter ihnen

---

sächliche, was der Anschaulichkeit halber gesagt werden muß, manche Wiederholung, die nur dem Zweck der Eindringlichkeit dient, werden Sie so leichter beiseite lassen können." Daß das Hören von Vorlesungen in der hier geschilderten Art von größtem Nutzen für den Studenten ist, führt treffend aus Gneist, Aphorismen S. 11.

1) v. Amira l. c. S. 21.

2) Man vergl. z. B., was Wach, 25. Deutscher Juristentag Bd. II S. 8 von sich erzählt: „Ich habe als Student praktische Übungen nicht mitgemacht . . . Als junger Doktor lernte ich sie bei Briegleb kennen und habe aus ihnen den größten Nutzen gezogen; erst durch sie gewann ich Verständnis für den Prozeß und wurde in mir die Freude an dem Rechtsstoff lebendig." Vergl. übrigens über die Vorzüge der Übungen namentlich v. Jhering, Scherz und Ernst in der Jurisprudenz 10. Aufl. S. 366 ff.; Rümelin, Jahrbuch der Gesetzgebung Bd. X Heft 4 S. 73 ff.; Muther, Reform des juristischen Unterrichtes S. 16 ff.; Wach l. c. S. 9 f.; Ortloff, Zwischenprüfung S. 46 ff.; Fischer, Rechtsunterricht und BGB. S. 6 ff.; Stölzel, Deutsche Juristenzeitung Bd. I S. 369 ff.

unterscheiden[1]. Da sind zunächst die seminaristischen Übungen. Sie sind nur für Fortgeschrittenere bestimmt und bezwecken, Anleitung zu wissenschaftlichen Arbeiten zu geben. Ihr Zweck ist rein theoretisch, und es ist selbstverständlich, daß diese Einrichtung weder für den Durchschnittsjuristen bestimmt noch auch von ihm besucht und benutzt werden wird. Für die allgemeine Ausbildung der Studenten sind diese wissenschaftlichen Seminarien, so wertvoll sie sonst auch sein mögen, nicht zu benutzen; sie können infolgedessen an dieser Stelle außer Betracht gelassen werden.

Eine von ihnen wesentlich verschiedene Art der Übungen sind die sogenannten Exegesen, in denen, um mit Wach zu reden, die methodische Schulung exakter Auslegung gelehrt wird[2]. Wir haben an unseren Hochschulen derartige exegetische Übungen zunächst nur in bezug auf ältere Quellen. Sie sind aber ebenso dringend nötig im Hinblick auf moderne Gesetze. Ich kann mich in dieser Hinsicht ganz auf die für diese Forderung von Wach vorgebrachten Gründe berufen[3], und namentlich betonen, daß die bei der Exegese z. B. des Corpus juris gefundene Methode für moderne Gesetze, wenn auch nicht ohne jede Bedeutung, so doch jedenfalls nicht von entscheidendem Werte ist. Die Exegesen des modernen Rechtes könnten nun aber zweckentsprechend verbunden werden mit einer kritischen Betrachtung ergangener Urteile, deren Gesetzesauslegung zum Gegenstand der kritischen Nachprüfung gemacht werden müßte, und wir könnten so die Exegese zu einer Art, wenn man will, klinischer Übung

1) Vergl. Eck, Deutsche Juristenzeitung Bd. I S. 245 ff.
2) Vergl. Wach, 25. Deutscher Juristentag Bd. II S. 7.
3) l. c. S. 7 f.

machen, wie wir sie bereits einmal weiter oben erwähnt haben [1].

Die dritte Art der Übungen sind die sogenannten Praktika, wie sie heute an allen Universitäten Deutschlands in vollster Blüte stehen. In ihnen wird die Methode gelehrt, auf einen bestimmten Tatbestand [2] das Gesetz anzuwenden, d. h. also aus dem Tatbestand heraus das in ihm enthaltene Rechtsproblem zu erkennen und auf Grund des Gesetzes zu lösen. Wie im einzelnen diese Übungen zu gestalten sind, darüber lassen sich ebenfalls keine allgemeinen Sätze aufstellen. Nur dreierlei möchte ich hervorheben:

Einmal müssen derartige Übungen schon von Anbeginn einsetzen, müssen also schon dem Anfänger zugänglich sein. Denn schon der Anfänger, *und gerade er* muß sehen, daß die Rechtswissenschaft keine philosophisch-spekulative und keine historisch-berichtende Wissenschaft ist, sondern daß sie eine praktische, anzuwendende und angewandte Materie ist, und daß gerade in der Anwendung des Rechtes seine eigentlichste Zweckbestimmung, sein wahres Wesen liegt. Gerade der Anfänger muß sich vor allem und von Anfang an klar sein, daß Jurist sein handeln heißt und *daß der Zweck einer jeden Theorie nur sein kann, den Stoff für die Anwendung und Handhabung prak-*

---

1) Vergl. weiter oben S. 32 Anm. 1 und den ähnlichen Vorschlag Umgestaltung der juristischen Ausbildung S. 15 ff. und Reform des juristischen Bildungswesens in Österreich von einem Praktiker S. 12 ff.

2) Natürlich muß der Tatbestand „fertig“ sein, wie Wach l. c. S. 9 ff. treffend ausführt. Den Tatbestand selbst historisch festzustellen, das lernt der Jurist natürlich erst in der Praxis, und gerade das ist die Hauptaufgabe, die er in ihr zu bewältigen hat. Vergl. weiter oben S. 61 ff.

tisch zu gestalten, sei es ideell de lege ferenda, sei es konkret de lege lata[1] [2].

Ferner dürfen die Praktika nicht in reine Repetitorien übergehen[3]. Es soll in ihnen nicht etwa der systematisch in den Vorlesungen vorgetragene Stoff mit den Hörern repetiert werden, sondern die Anwendung des Rechtes auf konkrete Tatbestände muß stets die Hauptsache bleiben. Daß hierbei natürlich einzelne Rechtsmaterien durchgesprochen werden müssen, um das anzuwendende Gesetzesmaterial bereitzustellen, ist selbstverständlich, aber nicht des systematischen Überblickes halber, sondern wegen der konkreten Erscheinung[4]. Dabei möchte ich gleich anhangsweise bemerken, daß mir Repetitorien auf der Universität überhaupt recht wenig angebracht erscheinen. Wir wollen und sollen den Hörer zur Selbständigkeit erziehen. Wir müssen und können von ihm am Schlusse seiner Ausbildung selbständige theoretische Arbeit verlangen. Da aber diese Repetitorien im wesentlichen nur die Bedeutung des Examensdrilles haben können, so lehne ich sie ab, weil meiner Ansicht nach die Vorbereitung zum Examen durchaus selbständig sein sollte. Natürlich kann man das nicht erzwingen. Allein man soll dann wenigstens nicht an den Universitäten Einrichtungen treffen, die auf eine Negierung dieser Selbständigkeit der Arbeit hinauslaufen. Ist letztere doch auch allein in der Lage, die Anstrengung und oft auch die Ödigkeit der Examensvorbereitung

---

1) Vergl. auch dieselbe Forderung nach Anfängerübungen bei Stammler, Recht Bd. VI S. 279 f.

2) Zitelmann, Vorbildung der Juristen S. 37 f.

3) Treffende Bemerkungen bei Hälschner, Juristisches Studium in Preußen S. 37. Vergl. ferner v. Liszt, Reform des juristischen Studiums S. 26 Anm. 6.

4) Treffend Stammler l. c. S. 279 f.

herabzumindern durch die Arbeitsfreude und das Selbstvertrauen, das sie verleiht[1].

Endlich aber dürfen die Übungen niemals die systematischen Vorlesungen als solche ersetzen wollen. Die systematische Vorlesung muß die Hauptsache bleiben. Die praktische Übung ist überhaupt nur denkbar auf Grund der systematischen Vorlesung. Sie kann letztere ergänzen, mehr aber auch nicht. Denn wie soll der Hörer das Prinzip des Gesetzes z. B. im Wege der Analogie zur Anwendung bringen, sofern er nicht gelernt hat, eben dieses Prinzip aus der Fülle der Details herauszuarbeiten? Wie will er des weiteren die Zusammenhänge im Recht bei seiner Entscheidung berücksichtigen, wenn er auf diese Zusammenhänge nicht zu achten gelernt hat? Wie will er systematisch handeln können, wenn er nicht systematisch vorgebildet ist? Die Methode der Übung ist die kasu-

1) Ich stehe also den häufig gemachten Vorschlägen ablehnend gegenüber, daß von jüngeren Dozenten an den Universitäten Repetitorien abgehalten werden sollen. Dagegen auch mit guten Gründen Kaufmann, Juristische Fakultäten und Rechtsstudium S. 18f. Interessant ist eine Petition der Kieler Fakultät von 1902, die sich direkt dagegen ausspricht, daß man versuche, die Universitätslehrer zu Repetitoren zu machen. Allerdings bezieht sich die Petition auf die geplante Vermehrung der Zwangsübungen. Allein ihr Inhalt trifft noch weit mehr auf Repetitorien zu. Vergl. Deutsche Juristenzeitung Bd. VII S. 185ff. Der in der Presse ausgesprochene Gedanke, das Repetitorenwesen zu verstaatlichen und die Repetitoren einfach zu Professoren zu machen, ein Gedanke, den Althoff gehabt haben soll (vergl. Neue Badische Landeszeitung 1910 No. 516), dürfte wohl kaum ernst genommen werden. Denn tatsächlich würde damit der Universitätsunterricht, wie er heute besteht und nach unserer Anschauung auch bestehen soll, beseitigt. Man kann die Aufgabe des letzteren nicht schärfer verkennen, als dies geschieht, wenn man solche Vorschläge macht. Daß mit ihnen auch den Repetitoren selbst nicht gedient ist, beweist, daß aus ihrem Kreise heraus die gemachten Vorschläge abgelehnt sind. Papst, Reform des juristischen Studiums S. 10.

istische. Kasuistik für sich allein führt aber, wie wir gesehen haben, nur zur Einzelkenntnis, nicht zur Gesamtbeherrschung des Stoffes. Vor einer Unterschätzung der Übungen ist mithin ebenso wie vor einer Überschätzung zu warnen. Sie können nicht entbehrt werden, aber sie sind andererseits auch nicht das Allheilmittel [1], wie auch nicht daran gedacht werden kann, die gesamte Materie, für welche sie abgehalten werden, in ihnen zu erschöpfen [2] [3].

---

1) Den praktischen Wert der Übungen unterschätzt Kaufmann, Juristische Fakultäten und Rechtsstudium S. 10, wenn er sagt: „Der Student hat in Wirklichkeit nur eine gewisse technische Gewandtheit in der Lösung leichter und mittelschwerer Rechtsfälle erlangt; von irgendwelchem Problemgefühl ist keine Rede .... Auch in ihnen", d. h. den Übungen, „haben wir daher ein Element in unserem Lehrplan, das mehr der Ausbildung in technischer Gewandtheit mit einer damit notwendig verbundenen gewissen Oberflächlichkeit, als ernster wissenschaftlicher Vertiefung dient; auch mit ihnen bereitet darum dieser Lehrplan in letzter Linie jenem Geiste des bloßen technischen Könnens den Weg, auf dem schließlich auch der ‚Repetitor' seinen Einzug hält."

2) Vergl. unter anderen Fischer, Rechtsunterricht und BGB. S. 5; Lenel, Deutsche Juristenzeitung Bd. I S. 456 ff.; v. Bar, Recht Bd. IV S. 362 ff.; v. Amira, Wie studiert man Rechtswissenschaft? S. 21. Interessant ist und Beachtung verdient, daß die bayrischen Verordnungen, die überhaupt vorzügliche Regulativs genannt werden müssen, direkt vor zu vielem Belegen von Übungen warnen. Vergl. Ministerialbekanntmachung vom 6. Juli 1899 § 5 Abs. 6 und 9: „Die Ubungsvorlesungen sollen nur diejenigen Kandidaten besuchen, welche die systematische Vorlesung über das Fach schon gehört haben oder, wenn die Übungsvorlesung im unmittelbaren Anschluß an die systematische Vorlesung gehalten wird, diese Vorlesung im nämlichen Semester hören. Die Kandidaten werden jedoch davor gewarnt, zu viele Übungsvorlesungen, namentlich im nämlichen Semester, zu besuchen, weil sie im Falle der Beteiligung an einer großen Zahl von schriftlichen Übungen Gefahr laufen, die theoretischen Studien zu vernachlässigen."

3) Daß in den Übungen auch der kritische Geist geweckt werden soll, und zwar in erster Linie, betont treffend v. Jhering, Scherz und Ernst in der Jurisprudenz 10. Aufl. S. 367.

Sollen nun aber die im vorstehenden geschilderten Übungen wirklich mit Erfolg durchgeführt werden können, so ist noch auf einen Unterschied und die sich aus ihm ergebende Konsequenz zu achten, der zwischen den Vorlesungen und den Übungen besteht. Bei den Vorlesungen sind prinzipiell die Hörer nur passiv beteiligt, bei den Übungen sollen sie aktiv zur selbsttätigen Mitarbeit herangezogen werden. Solange nun der Dozent allein tätig ist, ist die Zahl seiner Hörer natürlich ohne jede Bedeutung für seine eigene Tätigkeit. Ja, im Gegenteil, der größere Resonanzboden wird im Dozenten größere Freude und Begeisterung wachrufen, wirkt also auf die Lehrtätigkeit durchaus günstig ein. Ganz anders bei den Übungen, bei denen Zusammenwirken des Dozenten mit den Studenten Wesenselement der Dozententätigkeit ist. Hier ist der Wirkungskreis beschränkt, hier können brauchbare Resultate nur bei einer beschränkten Anzahl von Hörern erzielt werden. Nimmt man die Verhältnisse, wie sie an großen Universitäten herrschen, nimmt man Übungen mit 100, 200, ja noch mehr Hörern, so kann dabei von einer wirklichen Übung nicht mehr im Ernst die Rede sein. Die Vorlesung verwandelt sich in eine Besprechung von Fällen, die zu Hause angefertigt werden[1]. Dabei wird

1) Daß damit der eigentliche Zweck der Übung verfehlt wird, leuchtet ein. Es kann nicht mehr das erreicht werden, was v. Jhering l. c. S. 367 so anschaulich schildert: „Mit dem bloßen Vortrag von Rechtsfällen von seiten des Lehrers und der Entscheidung derselben ist es aber nicht getan. Sowohl für ihn selber wie für die Zuhörer erlangen derartige Übungen ihren Wert nur durch den regsten Wechselverkehr zwischen beiden Teilen, durch den unausgesetzten Austausch der Ansichten. Der Lehrer muß den Widerspruch gegen die von ihm aufgestellten Behauptungen und den Versuch ihrer Widerlegung nicht bloß dulden, sondern herausfordern, sich auf eine Linie mit seinen Zuhörern stellen, gleich als wären er und sie Mitglieder eines Richterkollegiums, — nicht die äußere Autorität

der Leiter der Übung mit den Korrekturen in einer höchst unerfreulichen Weise überlastet, was sowohl den Korrekturen schadet, die gar nicht mehr detailliert und eingehend durchgeführt werden können, als auch der Arbeitsfreude des Dozenten. Denn man überlege, was es heißt, 150mal denselben von Anfängern bearbeiteten Fall durchzukorrigieren. Beschränkung in der Hörerzahl bei Übungen ist also durchaus geboten. Ich würde als Maximalzahl die bereits recht hoch gegriffene Zahl von 50 Hörern ansetzen [1].

Allein so einfach und selbstverständlich diese Forderung erscheint, so schwierig läßt sie sich in der Praxis durchführen. Denn es stehen ihr eine ganze Reihe schwerwiegender, organisatorischer Bedenken entgegen. Es ent-

---

des Lehrers, sondern das innere Gewicht der Gründe muß schließlich für ihn den Ausschlag geben."

1) Für einen Numerus clausus in den Übungen haben sich ausgesprochen unter anderen: Gegenwart und Zukunft des deutschen Juristenstandes. Ein Wort aus der Praxis S. 22; Ortloff, Zwischenprüfung S. 51 f.; Rümelin, Jahrbuch für Gesetzgebung Bd. X Heft 4 S. 81; Grimm, 2. Preußischer Richtertag S. 24. Meist wird vorgeschlagen, die Zahl der Hörer auf 15—20 zu beschränken, was mir etwas zu niedrig gegriffen erscheint. Auch würden sich die praktischen Schwierigkeiten dann kaum noch überwinden lassen. Interessant ist, daß das mehrfach erwähnte bayrische Studienregulativ ebenfalls den Satz aufstellt: „Soll die Übungsvorlesung ihren Zweck erreichen, so darf die Zahl der Teilnehmer nur eine beschränkte sein." Vergl. Ministerialbekanntmachung vom 6. Juli 1899 § 5 Abs. 5 (Daude, Ordnung des Rechtsstudiums S. 15). Lebhaft gegen eine Beschränkung der Teilnehmerzahl hat sich ausgesprochen v. Liszt, Deutsche Juristenzeitung Bd. VII S. 132; vergl. aber auch seine Ausführungen, Reform des juristischen Studiums S. 26 Anm. 6. Noch weitgehender verlangen einen Numerus clausus auch für Vorlesungen Pann, Zur Reform des juridischen Studien- und Prüfungswesens S. 15; Hanausek, Reform der juristischen Studien S. 15, 38, Kritische Bemerkungen zur Reform der juristischen Studien S. 21. Es mögen hier aber vielleicht spezielle österreichische Verhältnisse mitsprechen.

steht die Frage, wer denn die Übung abhalten soll, da ja natürlich an großen Universitäten, man denke z. B. Berlin, das heutige Dozentenpersonal nicht entfernt ausreichen kann, um diesen Anforderungen gerecht zu werden, namentlich nicht, wenn noch eine weitere Vermehrung der Übungen eintreten sollte.

Man hat hier nun auf mannigfache Weise Abhilfe schaffen wollen. Einmal hat man vorgeschlagen, jüngere Kräfte in weiterem Umfang als Privatdozenten oder sogar als Assistenten zur Abhaltung von Übungen heranzuziehen. Aber man übersieht dabei, daß das Abhalten von Übungen die schwierigste Aufgabe des Dozenten ist, die eine wirkliche, völlige Beherrschung des Stoffes voraussetzt, wie sie bei Anfängern in der Lehrtätigkeit kaum stets vorhanden sein dürfte[1]. Einem solchen sie zu übertragen, würde nur möglich sein, nachdem jener bereits die entsprechende systematische Vorlesung gehalten hätte. Würde er mit den Übungen beginnen, so hieße das den Hausbau mit dem Dach anfangen. Denn auch der Dozent bedarf einer Ausbildung als Lehrer, und auch hier ist noch kein Meister vom Himmel gefallen. Ja, mir scheint gerade der umgekehrte Weg der bessere, daß die jüngeren Universitätslehrer die größeren systematischen Vorlesungen in weiterem Umfang übertragen bekommen, während die so entlasteten älteren Dozenten sich mehr den Übungen widmen könnten. Dann wären auch Doublierungen derselben in einem Semester möglich, was bei der Mannigfaltigkeit des Stoffes jedenfalls nicht zur Eintönigkeit führen würde. Sollte dadurch eine Überlastung mit Korrekturen entstehen, so könnte dagegen durch Assistenten geholfen werden, die zur Durch-

1) So treffend v. Liszt l. c. S. 132.

sicht der Arbeiten heranzuziehen wären [1]. Die unbeschränkte Teilnehmerzahl ließe sich aber auch nicht mit Assistenten aufrecht erhalten, da durch sie zwar der Überlastung der Dozenten, nicht aber der Unmöglichkeit der Mitwirkung der Hörer vorgebeugt wird.

Ließe sich so wohl auch einiges erreichen, so darf doch nicht übersehen werden, daß dies nicht allzuviel sein wird. Denn einmal kann man selbstverständlich die sämtlichen systematischen Vorlesungen nicht Anfängern übertragen. Ferner sprechen gegen umfangreiches Zulassen von Privatdozenten erhebliche Gründe. Einmal sind die geeigneten Kräfte keineswegs so häufig, als man vielleicht annimmt, und es entsteht dann noch die sehr ernste Frage, was aus den Habilitierten später eigentlich werden soll, eine Frage, die in ihrer Wichtigkeit nicht unterschätzt werden darf. Die Habilitation aber nur als Durchgang zu anderen Berufen gelten zu lassen, dazu wird sich schließlich keine Fakultät verstehen. An eine wirklich bedeutende Vermehrung der Lehrstellen ist in absehbarer Zeit aber auch nicht zu denken.

Man hat nun auf andere Weise zu helfen versucht und hat vorgeschlagen, zur Abhaltung der Übungen Praktiker heranzuziehen [2]. Allein auch diesem Vorschlag stehen unüberwindliche Bedenken entgegen. Zunächst mag wieder auf die didaktische Schwierigkeit der Aufgabe hingewiesen werden, die kaum hinreichend im Nebenfach, jedenfalls nie ohne vollständige, systematische Beherrschung des Stoffes gelöst werden kann [3]. Ferner

---

1) Vergl. auch Rümelin l. c. S. 81. Als Assistenten kämen namentlich Referendare in Betracht.

2) Unger, 25. Deutscher Juristentag Bd. II S. 107; Grimm, 2. Preußischer Richtertag S. 24.

3) Dies schließt natürlich fortlaufendes Studium der Literatur in sich ein, eine Aufgabe, die auch häufig ihrer Schwierigkeit und

ist es bei der Struktur der Universitätsverfassung kaum denkbar, daß die wichtigsten Vorlesungen Dozenten übertragen werden sollen, die nicht innerhalb dieser Verfassung selbst stehen. Und es ist mir auch fraglich, ob die Praxis die starke Mehrbelastung, die die Verbindung mit der Universität nach sich ziehen muß, sehr gern sehen würde[1]. In letzter Linie würde dieser Vorschlag doch nur zu einer Neuschaffung von Lehrstellen führen. Schließlich aber würden auch die Privatdozenten durch Heranziehen von Praktikern empfindlich geschädigt, ein Umstand, der bei der immerhin nicht ungefährlichen akademischen Laufbahn gleichfalls nicht außer Betracht gelassen werden darf.

Das Ausgeführte dürfte zur Genüge bewiesen haben, wie außerordentlich schwierig und komplex die Frage nach der rationellen Ausgestaltung der Übungen ist. Eine allseitig befriedigende Lösung sehe ich nicht. Allein ist eine solche auch wirklich nötig? Ich glaube nicht so sehr, wie man annehmen möchte, und in dieser Tatsache erblicke ich, ich möchte sagen weniger die Lösung als vielmehr die Befreiung von dem Problem. Ein solches besteht in Wahrheit nur für die größeren, man könnte beinahe meinen, nur für die größten Universitäten. Würde nun der Zuhörerkreis bei Übungen limitiert (und daß er beschränkt werden muß, glaube ich nachgewiesen zu haben), würden dann den Studenten die Möglichkeit genommen, an bestimmten Übungen teilzunehmen, so würde wohl ein großer Teil

---

ihrem Umfang nach nicht genügend gewürdigt wird. Man würde sonst wohl nicht so oft Glossen über die endlosen Ferien der Universitäten machen, die doch für den Dozenten alles andere, nur keine Ferien sind!

1) Goldschmidt, Rechtsstudium und Prüfungsordnung S. 287.

der Zurückgewiesenen die Universität wechseln und würde dahin gehen, wo man nicht zurückgewiesen zu werden zu fürchten braucht, an die kleinen Universitäten[1]. Und daß das einen Vorteil auch nach manch anderer Richtung hin bedeuten würde, braucht nicht weiter ausgeführt zu werden. So wäre mit dem Problem der Übungen zugleich das Problem der übermäßig großen Fakultäten gelöst und, wie ich glaube, deshalb in einer befriedigenden Weise, weil das Abfluten von den großen Zentren ohne Reglementieren von selbst erfolgen müßte.

Soll nun aber, um zu einem weiteren Punkt überzugehen, die praktische Anschaulichkeit eines der Hauptprinzipien des theoretischen Unterrichtes sein, sollen ferner die Übungen eine so bedeutungsvolle Stellung in unserem Lehrplan erhalten, wie wir ausgeführt haben, dann scheint sich mir ein wichtiges Postulat als ganz natürliche, notwendige Konsequenz aus diesen Tatsachen zu ergeben. Vorbedingung der Ausübung des Lehrberufes muß frühere Tätigkeit in der Praxis sein. Unbedingte Voraussetzung einer jeden Habilitation muß mindestens die Ablegung des Assessorexamens sein[2]. Früher, als das Recht der Schule sich vom Recht des Lebens schied, mag das ja nicht so notwendig gewesen sein, wobei allerdings auch nicht übersehen werden darf, daß die Fakultäten bis 1879 selbst richterliche Spruchbehörden waren und als solche stets eine gewisse Fühlung mit der Praxis hatten. Allein schon damals ist die von uns vertretene Forderung erhoben worden, und zwar, wie ich hervorheben möchte,

---

1) Vergl. auch Rümelin l. c. S. 81; v. Liszt, Reform des juristischen Studiums S. 26 Anm. 6.

2) Für Ausländer müßte ein gleichwertiges Examen oder Tätigkeit in der Praxis genügen.

keineswegs allein von Seite der Praktiker[1]. Heute aber ist die Forderung unbedingt zu verwirklichen, selbst auf die Gefahr hin, daß der Geniale darunter zu leiden hat. Denn auch bei den Dozenten muß mit dem Durchschnitt wie überall sonst gerechnet werden.

In erster Linie gilt das Ausgeführte natürlich für das moderne Recht. Denn es mag zwar möglich sein, zu begreifen, was ein Zivilprozeß ist, selbst wenn man keinen solchen miterlebt hat, zu lehren aber, wie ein Zivilprozeß sich gestaltet, welchem Zwecke die einzelnen Bestimmungen dienen, wie je nach der Handhabung der Prozeßleitung die Durchführung der Verhandlung vollständig verschieden werden kann, das zu lehren, wie gesagt, ohne selbst einen Prozeß geführt zu haben, scheint mir ein Ding der Unmöglichkeit. Lernen und Lehren sind in dieser Hinsicht zwei sehr verschiedene Sachen. Man kann trotz mangelnder Anschaulichkeit manches lernen, wenn auch mit Schwierigkeit. Aber anschauliches Lehren ohne Kenntnis der Praxis, ohne Anschauung, das, wie gesagt, scheint mir unmöglich. Und was für das Prozeßrecht gilt, gilt für das Privatrecht auch und jede andere Rechtsmaterie, wie nicht weiter ausgeführt zu werden braucht. Ja, es muß die Forderung auch erhoben werden für die rein historischen Fächer, denn ein wirkliches Verständnis des Rechtes, ein wirkliches Verhältnis zu ihm gewinnt man erst, wenn man dem Recht einmal als lebendiger Macht gegenübergestanden, wenn man es einmal in seiner funktionellen Wirkung erlebt hat. Und diese Erfahrung ist ebenso zum Verständnis des ältesten wie des modernsten Rechtes not-

1) Vergl. Hagen, Juristisches Studium S. 12; v. Schulte, Aufgabe und Reform des juristischen Studiums S. 14; insbesondere aber v. Jhering, Scherz und Ernst in der Jurisprudenz S. 365 f.

wendig[1]. Aus denselben Gründen erscheint mir auch die Verbindung von Professur und Richteramt in einer Person eine äußerst segensvolle Einrichtung zu sein, und es wäre daher zu wünschen, daß derartige Verbindungen, wie sie heute erst nur vereinzelt vorkommen[2], viel häufiger hergestellt würden. Wo sie aber nicht bestehen, da bietet die unentgeltliche Rechtsberatung für unbemitteltere Volkskreise dem Dozenten eine reiche Gelegenheit, sich in der Praxis zu betätigen, und namentlich jüngeren Dozenten aller Rechtsgebiete wäre es dringend zu empfehlen, von dieser Gelegenheit Gebrauch zu machen. Sie würden dabei immer wieder an den konkreten Beispielen des Lebens einsehen lernen, daß das Recht in letzter Linie nichts anderes ist als ein Teil der Funktionenlehre der Gesellschaft[3].

Aber nicht nur das Prinzip der Anschaulichkeit hat

---

1) Daß der Dozent praktische Ausbildung haben soll, ist oft verlangt. Vergl. z. B. Gegenwart und Zukunft des deutschen Juristenstandes. Ein Wort aus der Praxis S. 58; Zitelmann, Vorbildung der Juristen S. 38: „Niemand wird mehr praktisches Recht vortragen können, der nicht in seiner Anwendung wirklich zu Hause ist . . .“ Insbesondere Klöppel, 14. Anwaltstag S. 17. „Ich finde nichts seltsamer, als daß ein junger Mann, nachdem er kaum seine Vorbildung abgeschlossen hat, vor die Welt tritt und sagt: jetzt bin ich Rechtslehrer und trage vor, was ich selbst etwa erst gelernt habe. Ich würde hier sehr einschneidende Bestimmungen für notwendig halten, daß die Laufbahn des Universitätslehrers überall nur von dem betreten wird, der durch eine längere Reihe von Jahren in der Praxis sich betätigt und bewährt hat.“ Ich bemerke, daß in Jena Vorbedingung der Habilitation wenigstens ist, daß der Privatdozent mindestens 2 Jahre im Vorbereitungsdienst als Referendar tätig war. Fakultäts-Statut § 8 Ziff. 1. Bei Ausländern kann hiervon abgesehen werden.

2) Z. B. in Jena und Leipzig. Vergl. auch Grimm, 2. Preußischer Richtertag S. 25.

3) Vergl. dazu namentlich Lenel, Deutsche Juristenzeitung Bd. VI S. 57 ff.

die Methode des akademischen Rechtsunterrichtes zu bestimmen. Es ergibt sich vielmehr noch eine weitgehendere, methodologische Forderung aus dem von uns früher präzisierten Grundsatz, daß die Universität berufen ist, zum Handeln zu erziehen. Und diese Forderung scheint mir in der Tat die wichtigste Konsequenz zu sein, die wir aus jenem Satze zu ziehen haben. Ja, ich glaube, daß, wenn sie energisch und konsequent durchgeführt würde, die größten Bedenken in der heutigen Unterrichtsweise und die aus ihnen resultierenden Übelstände beseitigt wären. Ich möchte aber vorweg bemerken, daß ich nicht etwa glaube, mit dem Folgenden etwas durchaus Neues zu geben. Ich bin überzeugt, daß die Methode, die ich vorschlage, bereits heute, soweit dies geht, von vielen, ja wohl von den meisten Dozenten mehr oder weniger bewußt angewendet wird. Worauf es mir mithin in erster Linie ankommt, ist ihre konsequente Anwendung, ihre systematische Durchführung.

Hier nun ist Folgendes zu bemerken:

Wenn wir uns die Tatsache des Repetitorenwesens, wie wir sie weiter oben geschildert haben, überlegen, so ist das eigentliche Problem weniger, warum die Studenten zu den Repetitoren gehen, als vielmehr wie es überhaupt möglich ist, daß sie zu ihnen gehen können, daß die Repetitoren den Universitäten Konkurrenz machen können, was tatsächlich der Fall ist[1]. Dies kann aber nur dann geschehen, wenn die Universität ihre eigentliche Aufgabe, zum Handeln zu erziehen, vergißt und den primären Gesichtspunkt in der Übermittlung des

1) Ich bin wiederholt gebeten worden, Vorlesungen zu verlegen, da gleichzeitig Kurse bei einem Repetitor abgehalten würden!

Stoffes erblickt [1]. Daß zu diesem Zweck der Student zum Lehrbuch greifen kann, daß hier ein Repetitor namentlich im Einpauken zumeist ein ganz anderes Geschick haben kann als der Dozent, ist einleuchtend. Aber die Stoffübermittlung ist auch nicht die Aufgabe des Rechtsunterrichtes. Sie hat nur insoweit zu erfolgen, als sie notwendig ist, um den Studierenden die Fähigkeit zu geben, ein Gesetzbuch selbst lesen, anwenden und werten zu können.

Dieser Gedanke ist entwicklungsfähig. Denn führt man ihn weiter aus, so ergibt sich für den Universitätsunterricht ein Prinzip der Beschränkung, das mir von größter Wichtigkeit zu sein scheint. Während der Repetitor, will er einpauken, auf die Detailkenntnisse das Hauptgewicht legen muß, muß das Kolleg, weil es nicht den gesamten Stoff übermitteln will, vom Detail absehen [2]. Man kann geradezu sagen, daß die gehäuften Details im Unterricht das Interesse töten müssen. Denn sie nehmen die Anschaulichkeit, weil sie die Übersichtlichkeit unmöglich machen. Sie führen zur Trockenheit, weil es unmöglich ist, stets auf

1) Kaufmanns Gedanken, Juristische Fakultäten und Rechtsstudium S. 4 ff., gehen dahin, daß die heutigen Einrichtungen die Fakultäten hierzu zwängen. Er sagt: „Wenn ich alles dies berücksichtige, will es mir scheinen, daß der Hauptgrund für die schlechte Frequenz der akademischen Vorlesungen und den wachsenden Besuch der sogenannten Repetitorien darin liegt, daß die juristischen Fakultäten durch die jetzige Lehr- und Prüfungsordung auf ein Niveau herabgedrückt sind, auf dem jeder mittelbegabte Einpauker ihnen ganz erheblich überlegen ist.“ Den Ausgangspunkt halte ich für falsch. Denn ich glaube, ein wirklicher Zwang für die Fakultäten besteht nicht.

2) Treffend bemerkt Stölzel, Deutsche Juristenzeitung Bd. I S. 370, daß es ein Fehler ist, wenn im akademischen Unterricht zu viel Gewicht auf die Überlieferung des gesamten Stoffes gelegt wird.

die Zweckbestimmung der Einzelvorschrift, ihre Beziehungen zu den Lebenserscheinungen hinzuweisen. Ihnen gegenüber ist der Dozent machtlos, da er zumeist nichts anderes tun kann, als den Gesetzestext vorzutragen, den der Student ebensogut selbst lesen kann. Sie führen dazu, daß der Vortrag an der Oberfläche bleiben muß, weil keine Zeit mehr vorhanden ist, in die Tiefe zu dringen. Und doch, erst wenn die eigentlich wissenschaftliche Arbeit beginnt, kann die Freude an ihr, die Begeisterung für sie beginnen. Die Detaillistenarbeit ist keine juristische Arbeit. An ihr die Zeit zu verlieren, heißt Zeit und Kraft an eine Aufgabe verschwenden, die mit dem eigentlichen Studium selbst nichts mehr zu tun hat. Denn wenn die Kenntnis der Details natürlich auch notwendig ist zur juristischen Arbeit, so besteht das Studium, das Erlernen der Arbeitsmethode, nicht in dem Sichaneignen der Details, sondern in deren entsprechendem Verwenden[1].

Aus dem Ausgeführten ergibt sich nun die wichtige Konsequenz, daß es gar nicht notwendig, ja, mehr noch, gar nicht erwünscht ist, daß der gesamte Examensstoff auf der Universität vorgetragen und behandelt wird[2].

1) Hälschner, Juristisches Studium S. 21, 33; Pann, Reform des juridischen Studien- und Prüfungswesens S. 34 ff., 44; Leonhard, Noch ein Wort über den juristischen Universitätsunterricht S. 18; Gneist, Aphorismen S. 6 f.; v. Liszt, Reform des juristischen Studiums S. 25; Ortloff, Reform des Studiums der Rechts- und Staatswissenschaften S. 19, 34; Hanausek, Reform der juristischen Studien S. 38; Enneccerus, 26. Deutscher Juristentag Bd. III S. 123; Bülow, Recht Bd. VI S. 405; Stölzel, Deutsche Juristenzeitung Bd. I S. 370 und andere mehr.

2) Rümelin, Jahrbuch für Gesetzgebung Bd. X Heft 4 S. 74; insbesondere auch Jakoby, Juristische Wochenschrift 1910 S. 264. Auf anderem Standpunkt steht Grünhut, Grünhuts Zeitschrift Bd. XVIII S. 657.

Denn zweifellos gibt es kein besseres Mittel, die Selbsttätigkeit des Studenten anzuregen, als wenn man ihm bestimmte Materien seines Faches zum Selbststudium überläßt, obwohl dieselben Examensfächer sind und als solche demnächst auch geprüft werden müssen. Und man braucht auch nicht zu fürchten, daß, wenn man das Selbststudium für eine oder die andere Materie zuläßt, in diesem Zulassen das Eingeständnis zu erblicken ist, daß das Selbststudium überhaupt genüge [1]. Denn das letztere ist nur auf Grund durchgeführten Universitätsstudiums möglich, soll erst in den Vorlesungen selbst gelernt werden, kann also durchgeführt werden nur neben dem akademischen Studium, nur infolge des letzteren [2]. Nun könnte man aber darauf hinweisen, daß der Student für die nicht behandelten Materien zum Repetitor gehen wird. Für seine Selbständigkeit wäre das ja allerdings nicht besonders erwünscht. Allein eine allzu große Gefahr würde hierin doch nicht liegen. Denn er mag sich ruhig die Detailkenntnisse, die er zu seinem Studium braucht, verschaffen, wo er will, sofern er nur dem Universitätsunterricht sonst folgt. Und es scheint mir gerade ein Vorzug der von mir vertretenen Methode zu sein, daß sie das Repetitorenwesen nicht einfach negiert, sondern es funktionell da zu verwerten sucht, wo es ganz gute Dienste leisten und die Universitäten entlasten kann. Neben den Universitäten, nicht an Stelle der Universitäten, den akademischen Unterricht ergänzend, nicht ihn ersetzend, das scheint mir die Stellung zu sein, die der Repetitorenunter-

1) Dies tut z. B. Burckhard, Reform der juristischen Studien S. 65.
2) Vergl. weiter oben S. 56 f.

richt, soll er selbst eine Existenzberechtigung haben, einnehmen muß[1].

Wollte man aber andererseits wirklich daran denken, den ganzen Examensstoff vorzutragen, sollte wirklich die Aufgabe der Universität primär in der Stoffübermittlung gesehen werden, wo, frage ich, sollen wir dann hinkommen? Dann müßte für jedes größere neue Reichsgesetz eine Vorlesung angesetzt werden. Dann müßten sich die vorhandenen Vorlesungen selbst, sollten sie nicht in eine völlig oberflächliche Reproduktion des Gesetzesstoffes ausarten, ins Ungemessene auswachsen. Und dann dürfte auch das so dringend notwendige 4. Jahr des Studiums bald nicht mehr ausreichen.

So scheue man sich nicht vor der Idee, die ja auf

---

1) Auf ähnlichem Standpunkt stehen Kahl, 25. Deutscher Juristentag Bd. III S. 83, 26. Deutscher Juristentag Bd. III S. 146 f.; Seckel, Deutsche Juristenzeitung Bd. VII S. 59. Auch Zitelmann, Vorbildung der Juristen S. 10 führt aus: „Wie aber sollen sie", d. h. die Juristen, „die nötige wissenschaftliche Bildung erhalten, wenn nicht durch den Universitätsunterricht? Etwa durch jene Wiederholungskurse?", d. h. der Repetitoren, „ich will sie hier nicht schelten, meines Erachtens läßt sich ihre Beurteilung nicht im Vorübergehen abtun, sie bedürften einmal einer eingehenden vorurteilsfreien Würdigung, aber jedenfalls ist das sicher: sie können ihrer Natur nach, d. h. wenn sie etwas anderes sein wollen als die Universitätsvorlesungen, im wesentlichen nur Gedächtniskenntnisse übermitteln und befestigen und die Arbeitsgewohnheit wiederherstellen; sie mögen also den Universitätsunterricht wohl ergänzen, ersetzen können sie ihn nicht". Daß übrigens eine organisatorische Vereinigung der Repetitoren mit der Universität unmöglich ist, ist bereits früher ausgeführt. Einsichtige Repetitoren stehen auf demselben Standpunkt. Vergl. Papst, Reform des juristischen Studiums S. 8 f.: „Nach dem Plan, wie ich ihn mir denke . . . , werden diese", d. h. die Repetitorien, „soweit sie in Konkurrenz mit der Universität bisher treten, sich sowieso erübrigen. Soweit sie diese dagegen unterstützen oder ergänzen, soll man nicht an ihnen rütteln oder sie zu beschränken suchen, im Gegenteil sie fördern . . ."

anderen Wissensgebieten längst durchgeführt ist, bewußt nicht mehr den gesamten Stoff vorzutragen. Man überlasse den Studenten wichtige Teile aus allen Gebieten zur eigenen Arbeit[1]. Man kommt damit auch über das leidige Doublieren am Ende des Semesters hinaus, das an den Studenten oft unmögliche Anforderungen stellt. Man darf sich dann aber auch nicht scheuen, wie ich gleich hier bemerken möchte, das Nichtvorgetragene in der Prüfung mitzuverlangen. Und zwar darf dasselbe nicht nur nebenbei flüchtig gestreift werden, sondern es muß prinzipiell das Vorgetragene dem Nichtvorgetragenen gleichgestellt werden, sowohl der Art wie dem Inhalt der Prüfung nach. Denn nur auf diese Weise erzwingt man das Selbststudium der dem letzteren vorbehaltenen Gebiete.

Ich habe bereits darauf hingewiesen, daß es mir weniger darauf ankommt, einen durchaus neuen Gedanken aufzustellen, als eine bereits wiederholt vertretene Idee in ihren Konsequenzen zu verfolgen. Und indem wir nun so das Ausgeführte weiter zu entwickeln versuchen, kommen wir zu einem Vorschlag, der den Zitelmannschen Anregungen sehr nahe steht. Zitelmann hat bekanntlich vorgeschlagen, das Studium in zwei Hälften zu zerlegen, die durch eine Zwischenpraxis getrennt werden sollen. Den Unterrichtsstoff verteilt er aber auf die beiden Hälften des Studiums so, daß in dem ersten Abschnitt die gesamte Rechtslehre elementar, in der zweiten Hälfte für alle Zweige

---

1) Daß dies heute schon vielfach geschieht, ist mir natürlich bekannt. Sehr praktisch erscheint es mir, in größeren Vorlesungen einzelne unbedeutendere Kapitel auszulassen und dafür Druckbogen zu verteilen. Der Student bleibt dann im System des Dozenten.

noch einmal, aber technisch vertieft behandelt wird[1]. Zitelmann kommt also zu der Forderung, das Studium in zwei methodologisch verschiedene Abschnitte zu trennen, deren erster der Propädeutik, deren zweiter der Vertiefung, dem Spezialstudium dient. Wir haben nun bereits ausgeführt, daß und warum wir den Gedanken einer Zwischenpraxis ablehnen[2]. Allein das Postulat einer Zweiteilung des Studiums der gekennzeichneten Art nach ist unabhängig von der Forderung einer Zwischenpraxis, und die Bedeutung der Zitelmannschen Vorschläge nach dieser Richtung hin scheint mir bis jetzt nicht genügend hervorgehoben worden zu sein. Die heutige Methode hat zwei Übelstände: Einmal will der Unterricht zu erschöpfend sein und kann infolgedessen nicht genügend in die Tiefe gehen. Ferner beginnt der Unterricht, wenn ich von der recht kurzen Einleitung in die Rechtswissenschaft absehe, sofort spezialisierend. Nun kommt es aber bei einer wirklich systematischen Ausbildung vor allem darauf an, die Zusammenhänge zwischen den einzelnen Rechtsgebieten zu erfassen, den Überblick über das Ganze zu gewinnen, so daß die einzelnen Rechtsmaterien nicht mehr als getrennte Welten, sondern als innerlich verwandte und zusammengehörige Teile eines Systemes betrachtet werden. Spezialisierende Tätigkeit ist mit Erfolg erst möglich, wenn dieses im Vorstehenden geschilderte systematische Verständnis bereits vorhanden ist. Und so komme auch ich zu dem Vorschlag, der ähnlich schon öfters gemacht ist[3], den Universitätsunterricht in zwei Hälften zu

1) Vorbildung der Juristen S. 7, 26 f.

2) Vergl. weiter oben S. 111 f.

3) Vergl. Pann, Reform des juridischen Studien- und Prüfungswesens S. 22 ff.; Ortloff, Reform des Studiums der Rechts- und Staatswissenschaften S. 22 f.; Krückmann, Archiv für bürgerliches

zerlegen. Ohne daß ich mich in diesen Zusammenhang in Einzelheiten verlieren könnte, wo es darauf ankommt, der Reform die Richtung zu zeigen[1], sei nur soviel bemerkt: In dem ersten Semester wäre im wesentlichen Einleitung in die Rechtswissenschaft zu hören. An diese hätten sich orientierende, einleitende Vorlesungen über alle Materien des Rechtes anzuschließen. Man könnte zu diesem Zweck vier große Vorlesungen einrichten, Privatrecht einschließlich des Handelsrechts usw., ferner Strafrecht, des weiteren Staats- und Verwaltungsrecht, endlich Prozeßrecht im weitesten Sinne als die Lehre vom Rechtsschutzverfahren. In der zweiten Hälfte würden dann nur ausgewählte Kapitel behandelt, diese aber auch vertieft in alle Schwierigkeiten und Probleme, die Einzelfragen mehr monographisch erledigend[2]. Und dieser Zweiteilung entsprechend, müßten

Recht Bd. XIX S. 34; Kaufmann, Juristische Fakultäten und Rechtsstudium S. 25 f.; insbesondere Grimm, 2. Preußischer Richtertag S. 22 ff.

1) Der Ausbau im einzelnen kann an dieser Stelle nicht behandelt werden. Die diesbezüglichen Vorschläge des Einzelnen würden auch zu subjektiver Natur sein.

2) Interessant ist, was Fischer, Jherings Jahrbücher Bd. LIV S. 351 über die Pandektenvorlesungen in Frankreich und in Skandinavien schreibt: „Eine solche Vorlesung umfaßt nur ein bestimmtes, abgegrenztes Kapitel des römischen Rechtes, etwa ein solches, das den Inhalt eines Titels der Justinianischen Digesten ausmacht. Dieses Kapitel wird dann eingehend, aber unter Heranziehung des gesamten Quellenmateriales, also namentlich unter Auslegung des betreffenden Pandektentitels durch den Lehrer und unter Darlegung und Beurteilung aller beachtenswerten in der Literatur hervorgetretenen Meinungen behandelt. Zweifellos wird auf diese Weise eine Vertiefung erreicht, welche die zusammenfassende Vorlesung nicht zu geben vermag. Und daß es nur auf beschränktem Gebiet geschehen kann, schadet nicht, da es sich weniger um den Stoff, als um die Einsicht in die Arbeitsmethode handelt.“ Ähnliche Vorlesungen hat in sehr beachtenswerter Weise für das römische Recht v. Blume, Deutsche

ebenfalls die Übungen eingerichtet werden, in denen namentlich in der zweiten Hälfte des Studiums Anforderungen an die Studierenden gestellt werden könnten, an die heute nicht zu denken ist.

Durch diese Zweiteilung des Studiums würde ein doppeltes erreicht werden:

Einmal wäre Zeit geschaffen für die Spezialmaterien, die bisher, wie wir gesehen haben [1], über Gebühr vernachlässigt werden. Damit ist auch für den Dozenten viel gewonnen, der nun nicht mehr gezwungen ist, jahraus jahrein dieselben Materien vorzutragen, sondern in der Lage ist, immer wieder Neues zu lehren, immer wieder Abwechselung zu haben und zu bringen. Daß hierdurch andererseits seine Lehrtätigkeit außerordentlich erschwert würde, kann allerdings nicht übersehen werden, allein es ließen sich auch die wissenschaftliche und die dozierende Tätigkeit besser in Einklang bringen, da die Vorlesungen selbst der wissenschaftlichen Tätigkeit dienstbar gemacht werden könnten. Und diese Vertiefung und stete Abwechselung der Vorlesungen würden auch dem Repetitorenwesen und dem Unfleiß der Studierenden Abbruch tun, da der Einzelne sich nicht mehr auf das Vorlesungsheft eines bestimmten Examinators einpauken oder einpauken lassen könnte, da ein solches gegebenes Heft eben nicht mehr existieren würde.

Juristenzeitung Bd. I S. 289 ff. vorgeschlagen. Lenels Widerspruch ebendort S. 389 ff. stützt sich zum größten Teil darauf, daß das Verständnis eines Teiles ohne Gesamtverständnis unmöglich ist. Denkt man sich aber, wie wir möchten, spezialisierende Vorlesungen für alle Rechtsgebiete, so dürfte der Lenelsche Einwand hinfällig werden, weil wir dann vorher propädeutische Vorlesungen haben, die das Gesamtverständnis bereits gegeben haben.

1) Vergl. weiter oben S. 82 f.

Des ferneren aber wird durch die Zweiteilung des Studiums das Interesse der Studierenden am Studium offenbar gefördert, und namentlich der zweite vertiefte Teil wird ungleich anregender wirken können und müssen, als dies das heutige Studium tut. D e n n d i e F r e u d e a n d e r A r b e i t w ä c h s t, j e t i e f e r m a n d r i n g t. Wer eine Materie nur oberflächlich behandelt, wird ihren Reiz nie kennen lernen, so wie man erst dann mit einem Menschen befreundet ist, wenn man die Tiefen seines Wesens, seiner Persönlichkeit erfaßt hat. Der Reiz, den jede Spezialisierung ausübt, liegt in der bei ihr möglichen Vertiefung. Man kann das auch an den Studenten selbst beobachten. Es kann nicht geleugnet werden, wir haben das schon wiederholt betont, daß ihr Eifer und Interesse im Praktikum ein größeres ist als in der Vorlesung. Mag dies zum Teil daran liegen, daß sie hier selbst handeln, daß sie ferner die Rechtserscheinungen im Leben selbst beobachten lernen, zum guten Teil liegt das auch daran, daß jede kasuistische Arbeit Spezialisierung ist, Behandlung eines Einzelproblems in vertiefter Form nach allen Richtungen hin. Und gerade das hat den Studierenden bis jetzt gefehlt, aber gerade das würde bei der Zweiteilung ihnen nicht nur in der Übung in kasuistischer Form, sondern auch in der systematischen Form der Vorlesung geboten werden. Und ich glaube, die meisten Studierenden würden mit Freude das Gebotene ergreifen. Daß aber eine innerlich vertiefte, spezialisierte Arbeit erst möglich ist, nachdem ein zusammenfassender Überblick über das Ganze des Rechtssystemes gewonnen ist, mag zum Schluß dieser Ausführungen nochmals besonders betont werden[1] [2].

---

1) Vergl. auch die treffenden Ausführungen Bülows, Recht Bd. VI S. 406: „Es ist eine Erfahrung, die mir jeder Jurist von seiner

Eine jede Unterrichtsmethode steht und fällt mit den ihr anzupassenden Examenseinrichtungen. Und in der Examensfrage kulminiert das ganze Problem des Rechtsunterrichtes. So müssen auch wir am Schluß unserer Untersuchungen uns mit den Einrichtungen der Prüfung befassen. Dabei ist es natürlich unmöglich, auf alle Einzelheiten einzugehen. Es muß genügen, wenn wir unseren Standpunkt nur kurz in Hinblick auf die entscheidenden Gesichtspunkte präzisieren. Das aber muß geschehen, denn würde man auch die von uns vorgeschlagene Methode des Unterrichtes adoptieren, sie würde, ja sie müßte versagen, wenn nicht das das Studium abschließende Examen ihr angepaßt wäre.

Da ist denn natürlich die erste Frage, die uns entgegentritt, ob überhaupt das Studium mit einem Examen abschließen soll. Es ist so oft ausgesprochen worden, Prüfungen seien nur ein Übel [1], daß man sich wirklich fragen muß, ob sie denn überhaupt notwendig sind. Die Frage stellen, heißt sie bejahen. Man kann ganz absehen davon, daß die Prüfung in letzter Linie der

---

Studienzeit her bestätigen können wird, daß man den Unterrichtsstoff der ersten Semester erst dadurch zu bewältigen, sich erst dadurch anzueignen vermag, daß man ihn nachträglich in den späteren Semestern mit inzwischen gereifterem Rechtsverständnis, erst nachdem er durch die in die zweite Hälfte der Studienzeit fallenden Rechtsdisziplinen befruchtet, namentlich nachdem das Privatrechtsstudium die ihm unentbehrliche Ergänzung durch das Studium des öffentlichen Rechts empfangen hat, aufs ernstliche von neuem durcharbeitet."

2) Mit Recht weist Stammler, Recht Bd. VI S. 279 darauf hin, daß der einmalige theoretische Vortrag an den Studenten vorüberrausche. Die Wiederholung, die wir vorschlagen, bedeutet mithin für sich allein eine Vertiefung des Studiums.

1) Dernburg, Reform der juristischen Studienordnung S. 29: „Die Examina sind notwendige Übel, aber soweit sie nicht schlechthin notwendig sind, bilden sie ungerechtfertigte Übel."

zwingende Faktor beim Studium ist, zum mindesten für den großen Durchschnitt der Studierenden. Ganz abgesehen, wie gesagt, von dieser Funktion, scheint mir das Wertvolle der Einrichtung darin zu liegen, daß der Kandidat zu einer zusammenhängenden Durcharbeitung der gesamten Rechtsmaterie gezwungen wird, bei der er die einzelnen Teile schon mehr oder weniger beherrscht, jedenfalls aber zum Mindesten versteht. Nicht das Aneignen der Kenntnisse erscheint mir als die Hauptsache, sondern die Tatsache, daß infolge der Prüfung ein Überblick über das ganze System gewonnen wird, der auch dann nicht verloren geht, wenn die einzelnen Details vielleicht nicht mehr alle präsent sind. Wird übrigens diesem Zweck entsprechend die Vorbereitungsarbeit zum Examen eingerichtet, so wird dieselbe nie in ödes Einpauken ausarten, sondern wird eine das Studium abschließende Arbeit werden, bei der das Interesse stets lebendig erhalten bleibt, da jeder Tag, ja, jede Stunde zur neuen Erkenntnis und Vertiefung führen muß. Daß allerdings auf diese Weise nicht in Repetitorenpressen vorbereitet wird, dürfte auf der Hand liegen. Und jeder Student sollte sich darüber klar sein, daß, je selbständiger die Vorbereitung zu einer Prüfung ist, desto interessanter, leichter und erfolgreicher auch die geleistete Arbeit sein wird.

Prüfungen müssen also sein, das Studium jedenfalls muß mit einem Examen abgeschlossen werden. Aber soll es auch durch ein Examen unterbrochen werden? Es ist die vielerörterte Frage des Zwischenexamens, die uns hier entgegentritt, ein Problem, welches wir bereits weiter oben kurz gestreift haben [1]. Unzweifelhaft stehen

---

1) Vergl. weiter oben S. 32 f. u. 98 f.

der Einführung einer solchen große Bedenken entgegen, Bedenken, die Rosin, auf dessen Ausführungen ich mich beziehen kann[1], in geistvoller Weise entwickelt hat. Diesen Nachteilen stehen aber auch offenbare Vorteile gegenüber[2], von denen mir der entscheidende der zu sein scheint, daß der Student durch die Aussicht zu einem baldigen Examen schon im Anfang gezwungen wird, seinen Studien eifriger nachzugehen. Daß dieser Zweck durch die Zwischenprüfung auch wirklich erreicht wird, das bestätigen die Angaben der meisten Dozenten, die im Gebiet eines solchen Examens tätig geworden sind[3]. Diese Bedeutung der Zwischenprüfung

---

1) 26. Deutscher Juristentag Bd. II S. 148 ff., insbesondere S. 194, wo es heißt: „Das Zwischenexamen bringt eine Reihe ganz oder zum Teil unvermeidlicher bedeutsamer Nachteile mit sich, eine Vermehrung der Examina mit gesteigerter Examensfurcht, Nervosität, Hervorkehrung des Brotstudiums, Hinneigung zum Einpauksystem, eine Beschränkung der akademischen Lehr- und Lernfreiheit und der Freizügigkeit."

2) Ortloff, Zwischenprüfung? S. 3 ff.; Rosin l. c. S. 180 ff.; Hiller ebendort S. 263 ff. Die Zwecke der Zwischenprüfung finden sich klar präzisiert in der bayerischen Ministerialbekanntmachung vom 6. Juli 1899 § 10: „Die Zwischenprüfung hat den Zweck, die erste Prüfung von einem Teile des Prüfungsstoffes zu entlasten, der durch die Neugestaltung des gesamten bürgerlichen Rechtes einen großen Zuwachs erhalten hat, die Kandidaten zu einem systematischen Studiengange, sowie dazu anzuhalten, daß sie schon beim Beginn der Studienzeit sich den fleißigen Besuch der Vorlesungen und das gründliche Studium des Gehörten angelegen sein lassen, endlich dahin zu wirken, daß die dem juristischen Studium nicht gewachsenen Kandidaten schon in einem möglichst frühen Zeitpunkte zu der Einsicht von der Notwendigkeit gebracht werden, einen anderen Beruf zu wählen." (Daude, Ordnung des Rechtsstudiums S. 141.)

3) v. Schulte, Aufgaben und Reform des juristischen Studiums S. 18 ff.; Hiller l. c. S. 281 ff.; Kipp, Deutsche Juristenzeitung Bd. VI S. 103 ff.; auch Enneccerus, 26. Deutscher Juristentag Bd. III S. 123 gibt zu, daß die Zwischenprüfung den Fleiß hebt. Andere Erfahrungen teilt allerdings auch Oertmann, 26. Deutscher Juristentag Bd. III S. 139 mit.

wird aber in dem Moment noch ganz beträchtlich zunehmen, in dem das Studium auf die Dauer von 4 Jahren verlängert wird. Ja, wir haben bereits darauf hingewiesen, daß eine Verlängerung des Studiums ohne die Einführung einer Zwischenprüfung uns überhaupt unmöglich erscheint[1]. Da nun aber eine solche Verlängerung selbst durchaus geboten ist, so ist die Frage, die für uns entsteht, nicht mehr die, ob Zwischenprüfung, ob nicht, sondern vielmehr die, ob und wie sich die Bedenken, die einem Tentamen entgegenstehen, abschwächen, wenn nicht gar ganz vermeiden lassen. Und in der Tat, glaube ich, ist dies auf Grund der von uns vorgeschlagenen Zweiteilung des Studiums sehr wohl möglich[2].

Zunächst scheint es mir ein sehr gesunder Gedanke zu sein, nach Abschluß der propädeutischen Studien ein Examen einzuschieben, durch welches festgestellt wird, ob der Student die Grundbegriffe so weit beherrscht, daß er mit Erfolg an dem weiteren, spezialisierten Studium teilnehmen kann. Und wenn hier bereits zu Beginn der Studienzeit dem Studenten die weitere juristische Laufbahn verschlossen würde, so wäre es in diesem Augenblick

---

Wenn aber auch aus Österreich Klagen über den Unfleiß der studierenden Jugend sehr vernehmlich ertönen, obwohl dort eine Zwischenprüfung längst besteht (Rosin l. c. S. 184), so beweist das nichts gegen das im Text Ausgeführte. Denn die Gründe für diesen Unfleiß liegen auf einem ganz anderen Gebiet. Vergl. die Gutachten der österreichischen Universitäten 1887; ferner Hanausek, Reform der juristischen Studien und Prüfungen.

1) Vergl. weiter oben S. 99.

2) Daß übrigens ein Zwischenexamen im Wege der Landesgesetzgebung trotz des § 2 Abs. 1 GVG. eingeführt werden kann, hat Rosin l. c. S. 177 ff. treffend ausgeführt, wie auch, daß das Reich selbst zuständig zur Einführung einer solchen Einrichtung ist.

jedenfalls noch nicht schwer für ihn, eine neue Laufbahn zu wählen.

Das Examen selbst wäre als eine Art propädeutisches Examen auszugestalten, also so, daß es sich dem Stoff nach nicht von der zweiten Prüfung unterscheiden würde, sondern nur der Vertiefung nach. Damit erledigen sich Einwendungen, die man dahin gemacht hat, daß die Kenntnisse des ersten Examens nur geringe Haltbarkeit besäßen[1]. Denn es muß ja der ganze Stoff im eigentlichen Referendarsexamen wieder bereitgehalten werden. Damit erledigen sich ferner die weiteren Bedenken, daß propädeutische Fächer in der Jurisprudenz nicht existieren, mithin eine Prüfung der Propädeutik auch nicht angängig sei[2]. Damit sind endlich die Schwierigkeiten behoben, wie die Zwischenprüfung vom Referendarsexamen abzugrenzen sei, ob namentlich im letzteren auf den Stoff der ersteren durch Fragen zurückgegriffen werden darf oder nicht[3]. Denn dem Inhalt nach unterscheiden sich beide nicht.

Nun bleibt aber noch das Hauptbedenken übrig, das

---

1) Kipp, Deutsche Juristenzeitung Bd. VI S. 105; Oertmann, 26. Deutscher Juristentag Bd. III S. 138 ff.; Hellwig, 25. Deutscher Juristentag Bd. III S. 132 f. Demgegenüber dürfte auf ein Doppeltes hingewiesen werden: Einmal bezweifele ich, daß die positiven Detailkenntnisse der Referendarsprüfung von viel größerer Haltbarkeit sind. Ferner hat Waller, Rechtsstudium und Referendariat S. 35 ganz recht, wenn er dem Vergessen gewisser Details keine Bedeutung beimißt, sofern nur das einmal erworbene Verständnis bestehen bleibt.

2) Goldschmidt, Rechtsstudium und Prüfungsordnung S. 291 f. Ob die Behauptung selbst unzweifelhaft richtig ist, lasse ich dahingestellt bleiben.

3) Vergl. z. B. die Verhandlungen der Internationalen Kriminalistischen Vereinigung (Deutsche Landesgruppe) 1900, Mitteilungen Bd. IX S. 89 ff.

in der Tat durchschlagend wäre, wenn es sich nicht beseitigen ließe, das Bedenken, die Freizügigkeit werde durch ein Zwischenexamen bedroht [1]. Demgegenüber muß darauf hingewiesen werden, daß diese Befürchtung abgemildert wird, wenn die Zwischenprüfung reichsrechtlich angeordnet wird [2]. Denn selbstverständlich muß dann obligatorisch bestimmt werden, daß die Prüfung an einer deutschen Universität, sie sei, welche sie wolle, von allen anderen Einzelstaaten anzuerkennen ist. Und auch, wenn die einheitliche Regelung nur im Wege vertragsmäßiger Übereinkunft erfolgen würde, müßte in dieser Hinsicht Übereinstimmung erzielt werden.

Überwunden aber könnte die Bedrohung der Freizügigkeit auch noch dadurch werden, daß man den Studenten zwingt, sein Zwischenexamen an einer anderen Universität abzulegen als an der, an welcher er studiert hat [3]. Allein dieser Vorschlag ist bedenklich, da hierdurch ein Zwang auf den Studenten ausgeübt würde, die Universität zu wechseln, was namentlich gegenüber den weniger wohlhabenden Juristen eine sehr bedenkliche Maßregel sein dürfte. Und ich meine, wir haben es auch nicht mehr nötig, weitere Einrichtungen zu treffen, um die Freizügigkeit der Studierenden zu wahren. Denn auch hier wird es die Zweiteilung des Studiums mit sich bringen, daß sowohl in wie am Ende des ersten Teiles die Universität ohne jede Schwierigkeit gewechselt werden kann. Denn

---

1) Wach, 25. Deutscher Juristentag Bd. II S. 13 f.; Hamm ebendort Bd. III S. 116; Gierke ebendort S. 130; Rosin, 26. Deutscher Juristentag Bd. II S. 192 ff.; Enneccerus ebendort Bd. III S. 129.

2) Hiller, 26. Deutscher Juristentag Bd. II S. 276 weist darauf hin, daß in Österreich die Freizügigkeit nicht durch die Zwischenprüfung beseitigt ist.

3) Waller, Rechtsstudium und Referendariat S. 39; Jakoby, Juristische Wochenschrift 1910 S. 263.

wenn auch der Student mit Recht dort einige Zeit studiert, wo er sich prüfen lassen will, so reichen hierzu bei der Zwischenprüfung ein bis zwei Semester vollständig aus. Und auch in der zweiten Hälfte der Studienzeit steht einem abermaligen Wechsel der Universität kein Bedenken entgegen. Ob aber endlich ein allzu häufiges Wechseln der Universität eine sehr vorteilhafte und zu begünstigende Sache ist, ist eine Frage, die ich hier nur aufwerfen, nicht aber beantworten möchte [1].

So entscheiden wir uns für Einführung einer Zwischenprüfung [2]. Auf welche Weise dieselbe im einzelnen auszugestalten ist, das muß dahingestellt bleiben, wie wir ja auch die Ausgestaltung des ersten Studiums im einzelnen nicht verfolgt haben. Nur

---

1) Mit Recht wendet sich Hiller, 26. Deutscher Juristentag Bd. II S. 276 dagegen, daß das Prinzip der Freizügigkeit überspannt wird: „Freilich einer solch bummeligen Freizügigkeit das Wort zu reden, wie sie manche vermögende junge Herren, die sichs leisten können, im Deutschen Reiche praktizieren, um von Semester zu Semester an angenehm situierten Universitäten sich zu inskribieren, im Winter in Berlin, Leipzig, München, im Sommer im schönen Heidelberg oder Bonn oder sonst, wo es gleich amüsant ist, entweder wegen der Naturlage der Universitätsstadt oder wegen des Eintrittes in eine Kartellverbindung, die mit jener, welcher der junge Herr schon angehört, befreundet ist, — für eine solche Freizügigkeit wegen der Zwischenprüfungen zu fürchten, das wird niemandem ernstlich in den Sinn kommen, dem sachlichen Gegner der Zwischenprüfung gewiß am wenigsten. Das ist jedenfalls nicht ‚die Luft der Freiheit, in der Männer erzogen werden', diese Freizügigkeit dient auch weder nationalen, noch sonst welchen kulturellen Zwecken, wie der ‚Annäherung von Süd und Nord' usw."

2) Für eine solche haben sich in letzter Zeit ausgesprochen: Zitelmann, Vorbildung der Juristen S. 29 ff.; Kaufmann, Juristische Fakultäten und Rechtsstudium S. 20 ff.; Jakoby, Juristische Wochenschrift 1910 S. 263 f.; Waller, Rechtsstudium und Referendariat S. 32 f. Der 2. Preußische Richtertag hat dies ebenfalls getan. Vergl. Verhandlungen S. 4, 15 ff., 62.

so viel sei bemerkt: Es muß sich um eine Prüfung in den Grundlagen der gesamten Rechtswissenschaft handeln, die von einer aus Universitätslehrern zusammengesetzten Kommission abgehalten wird[1]. Daß das Tentamen eine starke Belastung für den Dozenten bedeutet, ist richtig, das aber kann der Notwendigkeit der Zwischenprüfung gegenüber nicht weiter ins Gewicht fallen. Eventuell müßte natürlich durch eine Vermehrung der Stellen Abhilfe geschaffen werden, eine Vermehrung, die auch im Hinblick auf die Übungen und deren beschränkte Hörerzahl durchaus erwünscht wäre[2].

Wenden wir uns im Weiteren dem eigentlichen Referendarsexamen zu, so haben wir uns in dieser Hinsicht zuerst die Frage vorzulegen, wie die Prüfungsbehörden zusammengesetzt sein sollen. Man wird sich erinnern, daß auch diese Frage äußerst bestritten ist[3]. Ohne nun auf die Einzelheiten derselben einzugehen, sei hier nur betont, daß der in den größten Teilen von Deutschland zurzeit bestehende Zustand mir der richtige zu sein scheint[4], wonach die Prüfungskommission eine gemischte Behörde ist, die sich aus Dozenten und Praktikern zusammensetzt, die dieses Amt nebenamtlich bekleiden[5]. Man hat vorgeschlagen[6], das Amt des Examinators zu einem ausschließlichen Hauptamt zu machen.

---

1) Ob an der Spitze ein Regierungskommissar stehen soll oder nicht, darauf lege ich kein Gewicht.

2) Vergl. weiter oben S. 128 ff.

3) Vergl. weiter oben S. 36 f.

4) Vergl. Goldschmidt, Rechtsstudium und Prüfungsordnung S. 309 ff.

5) So auch Goldschmidt l. c. S. 310 und die herrschende Ansicht.

6) v. Jhering, Scherz und Ernst in der Jurisprudenz 10. Aufl. S. 379 ff.; Gneist, Aphorismen S. 24 ff., 14. Deutscher Juristentag Bd. I S. 147 ff.

Allein wenn damit auch der Vorteil erreicht werden dürfte, daß man wirklich eingeübte, sachkundige Examinatoren hätte, so würden die Nachteile doch überwiegen, die Goldschmidt so treffend geschildert hat, daß ich seinen Ausführungen nichts hinzuzusetzen habe [1]. Und auch der weitere Vorschlag, die Prüfungen ganz den Fakultäten anzuvertrauen [2], trifft nicht das Richtige. Denn das Zusammenwirken der Theoretiker und der Praktiker gewährt den ersteren die Möglichkeit, aus der Fühlung mit der Praxis die Bedürfnisse derselben kennen zu lernen, während andererseits der Praktiker in den Prüfungen die Gelegenheit, ja noch mehr den Zwang hat, sich mit den neuen Errungenschaften der Theorie vertraut zu machen [3]. Ein nur von Theoretikern abgehaltenes Examen wird der Gefahr nicht entgehen, zu theoretisch, zu wissenschaftlich abgehalten zu werden. Daß sich aber endlich die Prüfungskommissionen nicht nur aus Praktikern zusammensetzen lassen, das leuchtet von selbst ein, solange wir wenigstens noch Wert auf historisch-wissenschaftliche Ausbildung legen.

Allein Prüfen ist ein sehr schweres Ding, ja, man hat es nicht mit Unrecht die schwerste pädagogische Kunst genannt, die es nur gibt [4]. Jedenfalls erfordert es die Beherrschung des gesamten Stoffes, der zu prüfen ist. Denn nur der, der das tut, kann feststellen, ob der Kandidat blendet, oder ob er wirkliches Verständnis und Wissen besitzt, nur der ist aber auch imstande, dem Kandi-

---

1) Goldschmidt, Rechtsstudium und Prüfungsordnung S. 317 ff.

2) Kaufmann, Rechtsfakultäten und juristisches Studium S. 15 ff.; früher schon Justizrat Goldschmidt, 25. Deutscher Juristentag Bd. III S. 102 f.; vergl. auch Zorn, Recht Bd. XI S. 281 ff.

3) Gierke, 14. Deutscher Juristentag Bd. I S. 13.

4) Kaufmann, Rechtsfakultäten und Rechtsstudium S. 15.

daten, der zufällig vielleicht die Detailvorschriften einer bestimmten Materie nicht beherrscht, gerecht zu werden, indem er ihm nachgibt und auf ein anderes Gebiet übergeht. So ergibt sich uns die Forderung, bezüglich derer auch in der Literatur Einstimmigkeit herrscht[1]: Nicht darauf kommt es an, ob Theoretiker oder Praktiker prüfen, wohl aber darauf, daß wirkliche Fachleute über ihre Spezialfächer examinieren. Es muß verhindert werden, daß Materien von Juristen geprüft werden, die auf dem betreffenden Gebiet nicht Spezialisten sind, nicht etwa, damit spezialistisch geprüft wird, sondern nur, damit die Garantien einer wirklich ernsthaften und auch wirklich gerechten Prüfung gegeben sind. Das Beste erscheint mir mithin, wenn die einzelnen Mitglieder der Kommissionen mit einem festen Prüfungsauftrag in die Kommission berufen werden und nur in den Grenzen dieses Auftrages verwendet werden dürfen[2].

Haben wir so die Besetzung der Prüfungsbehörde kennen gelernt, so haben wir uns nun dem Stoff des Examens zuzuwenden, d. h. also der Frage, wie das letztere inhaltlich zu bestimmen ist. Auch hier können wir uns kurz fassen, denn einmal haben wir im wesentlichen bloß die Konsequenzen unserer früheren Ausführungen zu ziehen, ferner aber können wir uns auch in der Hauptsache der in der Literatur herrschenden Auffassung anschließen. Wir haben daher nur das Folgende zu bemerken:

Zunächst müssen die Examensfächer auch

---

1) Vergl. statt aller v. Liszt, Reform des juristischen Studiums S. 51 ff.; ferner Goldschmidt, Rechtsstudium und Prüfungsordnung S. 310 ff.

2) Vergl. v. Liszt l. c. S. 52; Gierke, 14. Deutscher Juristentag Bd. I S. 14.

wirklich alle geprüft werden[1], und es darf diese Forderung nicht nur auf dem Papier geschrieben sein, sondern es müssen Vorkehrungen getroffen werden, durch die dies auch garantiert wird. Es muß ferner die Präponderanz des bürgerlichen Rechtes auch im Examen verschwinden[2], es hat endlich das römische Recht hinter dem modernen Recht durchaus zurückzutreten. Nationalökonomie muß selbstverständlich mitgeprüft werden, und zwar auch sie, wie dies z. B. jetzt schon in Elsaß-Lothringen geschieht, durch einen Fachmann.

Eine derart erweiterte und vertiefte Prüfung kann aber in der heutigen Form nicht durchgeführt werden, weil die hierzu notwendige Zeit nicht vorhanden ist. So stimme ich dem öfters gemachten Vorschlag zu, das Examen in Stationen zu zerlegen[3]. Dabei dürfte eine Kompensation der einzelnen Stationen untereinander nicht zulässig sein, es brauchte aber natürlich beim Versagen in einer Station auch nur diese wiederholt zu werden.

Was endlich die Gestaltung der Prüfung betrifft, so halte ich eine Dreiteilung, wie sie heute z. B. in Preußen besteht, in Klausuren, wissenschaftliche Arbeit und mündliche Prüfung für durchaus zweckentsprechend, und ich würde es nicht ratsam finden, hieran etwas zu ändern.

Beginnen wir mit den Klausuren, so bin ich, wie gesagt, für Beibehaltung derselben, ja, eventuell für ihre Vermehrung. Namentlich müßte eine nationalökonomische Klausur ein-

---

1) Vergl. v. Liszt l. c. S. 43 ff.; Gierke l. c. S. 15 und die herrschende Ansicht.

2) Daß heute das bürgerliche Recht noch durchaus überwiegt, hat v. Liszt l. c. S. 43 treffend nachgewiesen. Seine Ausführungen treffen auch jetzt noch völlig zu.

3) Vergl. die Literatur hierzu weiter oben S. 35 Anm. 1.

geführt werden. Eine Forderung ist dabei aber allerdings unbedingt zu stellen: die Klausuren dürfen nicht zur Entlastung des mündlichen Examens dienen [1]. Sie sollen in erster Linie die Fähigkeit des Verfassers erweisen, einen juristischen Fall in seiner juristischen Relevanz zu erkennen und zu behandeln. Die Klausuren dienen weniger zur Feststellung vorhandener Kenntnisse, als zum Nachweis des Problemgefühles bei dem Kandidaten. Mithin sind Themata, die nur Detailkenntnisse erfordern, wie z. B. die rechtliche Stellung des Papstes, die Berufung der Laienrichter im Strafprozeß und ähnliches mehr zu verwerfen. Benutzung der einschlägigen Literatur zu verbieten, dürfte unnötig sein [2] und führt auch nur zu Durchsteckereien; dem Richter, der in praxi entscheidet, steht ja auch die Literatur zur Verfügung [3].

Der zweite Teil der Prüfung hätte, wie jetzt, eine wissenschaftliche Arbeit zu sein über ein Thema, welches von dem Vorsitzenden der Prüfungskommission aus einem vom Kandidaten zu wählenden Gebiet zu stellen ist. Gegen die Beibehaltung dieser wissenschaftlichen Arbeit haben sich gewichtige Stimmen vernehmen lassen [4].

1) Frank, Mitteilungen der I. K. V. Bd. IX S. 78.

2) So auch Frank l. c. S. 78.

3) Die Frage, ob Klausuren, ob nicht, ist sehr bestritten. Ältere Literatur bei v. Liszt, Reform des juristischen Studiums S. 50 Anm. 18. Gegen Klausuren haben sich des weiteren ausgesprochen: v. Liszt l. c. S. 48; Gegenwart und Zukunft des deutschen Juristenstandes. Ein Wort aus der Praxis S. 37; Gneist, Aphorismen S. 61; Kaufmann, Juristische Fakultäten und Rechtsstudium S. 29; für Klausuren treten ein: Ortloff, Reform des Studiums der Rechts- und Staatswissenschaften S. 36; Burckhard, Reform der juristischen Studien S. 88; Dernburg, Reform der juristischen Studienordnung S. 27; Fischer, Rechtsunterricht und BGB. S. 23; Kitz, Deutsche Juristenzeitung Bd. XIV S. 732.

4) Goldschmidt, Rechtsstudium l. c. S. 304; v. Jhering, Scherz und Ernst in der Jurisprudenz 10. Aufl. S. 371 ff.; v. Liszt, Reform

Allein ich meine, daß auf sie unter keinen Umständen verzichtet werden kann[1]. Es scheint mir ein sehr gutes Ding zu sein, daß der Jurist einmal, oft genug das einzige Mal in seinem Leben gezwungen ist, ein Problem in seiner Entwicklung durch die Literatur verfolgen, nach allen Seiten und Beziehungen untersuchen, mit ihm sich durch mehrere Wochen ausschließlich beschäftigen zu müssen. Mag er sich auch mit anderen darüber besprechen, mag auch der durchschnittlich Veranlagte nur eine mehr oder weniger vollständige Kompilation aus der vorhandenen Literatur liefern, das ist ohne Belang. Denn man vergesse nicht den Zweck der wissenschaftlichen Arbeit: Es soll durch sie nicht der Nachweis gebracht werden, daß der Verfasser wissenschaftlich leistungsfähig ist, wie bei der Doktorarbeit. Die Arbeit braucht daher auch keine literarische Bedeutung zu haben. Es kommt nur darauf an, daß der Kandidat den Nachweis liefert, daß er ein Problem monographisch durch die Literatur verfolgen, mithin Literatur verwerten kann. Und daß dieser Nachweis notwendig für seine späteren Aufgaben als Richter usw. ist,

---

des juristischen Studiums S. 38, 49 ff. (S. 50 Anm. 18 die ältere Literatur); v. Schulte, Aufgabe und Reform des juristischen Studiums S. 26; Dernburg, Reform der juristischen Studienordnung S. 26; Fischer, Rechtsunterricht und BGB. S. 22 f.; Petri, Reform der juristischen Vorbildung S. 24; Klöppel, 14. Deutscher Anwaltstag S. 17; Enneccerus, 14. Deutscher Juristentag Bd. II S. 232; Lenel, Deutsche Juristenzeitung Bd. I S. 456 ff.; Hellwig, Zeitschrift für Zivilprozeß Bd. XL S. 523.

1) Für Beibehaltung der wissenschaftlichen Arbeit sind eingetreten: Muther, Reform des juristischen Unterrichtes S. 22; Pann, Reform des juridischen Studien- und Prüfungswesens S. 45 (abgeschwächt); Gneist, Aphorismen S. 31, 14. Deutscher Juristentag Bd. I S. 147; Gierke ebendort S. 14; insbesondere Leonhard, Deutsche Juristenzeitung Bd. V S. 329.

kann kaum zweifelhaft sein, da jeder Jurist nur zu oft in die Lage versetzt wird, schwierige Fragen an Hand der Literatur in langwierigen Gedankengängen zu entscheiden.

Aus denselben Gründen scheint es mir auch richtiger zu sein, die Themenstellung dem Kandidaten nicht aufzubürden[1]. Denn einmal ist die Auffindung eines geeigneten Themas für den Anfänger eine sehr schwierige, oft kaum lösbare Aufgabe. Und ferner ist es auch mit Hinblick auf seinen späteren Beruf weit pädagogischer, ihm die Wahl nicht zu überlassen. Denn dem praktischen Juristen stellt das Leben, nicht der eigene Wille seine Aufgaben. Bei der Themenstellung ist allerdings größte Vorsicht notwendig, und namentlich ist es zu vermeiden, Aufgaben zu geben, die wiederholt als Dissertationen bearbeitet sind. Das würde dem oben skizzierten Zweck der wissenschaftlichen Arbeit durchaus widersprechen. Und ebenso scheint es mir nicht richtig zu sein, als Themata praktische Fälle zu geben, wie dies in Preußen üblich sein soll. Denn auch das wird dem eigentlichen Zweck der ganzen Einrichtung nicht gerecht.

Die wissenschaftliche Arbeit ist also prinzipiell beizubehalten, da ihre Beseitigung zu einer Verflachung, nicht zu einer Vertiefung des Examens führen würde. Der Einwand aber, daß aus den Referendarsarbeiten minderwertige Doktordissertationen zum Nachteil der einschlägigen Literatur massenweis angefertigt werden[2], ist nicht stichhaltig. Denn die Fakultäten haben hier alles selbst

---

1) Anderer Ansicht Gneist, Aphorismen S. 31; Gierke, 14. Deutscher Juristentag Bd. I S. 14.

2) Vergl. z. B. Hellwig, Zeitschrift für Zivilprozeß Bd. XL S. 523 Anm. 1.

in der Hand und können mit Leichtigkeit diesen Übelstand beseitigen[1].

Die mündliche Prüfung endlich ist ebenfalls beizubehalten. Nur muß sie entsprechend den Zwecken des Studiums durchgeführt werden und muß daher auf alles Abfragen von Detailkram verzichten[2]. Grundprinzipien und deren Durchführung, Auslegung geltender Gesetze, Entwicklung, Begründung und Bekämpfung von Ansichten, Entscheidung leichterer Fälle, historische Wertung gewordener Rechtszustände, das ist es, worauf es ankommt. Die mündliche Prüfung zu vertiefen und damit schwieriger zu gestalten, ist und bleibt eine der wichtigsten Aufgaben. Denn wollen wir das Repetitorenwesen an seiner Wurzel angreifen, so müssen wir die Prüfung so gestalten, daß der Repetitor nicht für sie vorbereiten kann[3]. Und das können wir.

1) Das Verhältnis von Referendar- und Doktorprüfung bildet ein Problem für sich. Der jetzige Zustand, wonach die letztere in vielen Fällen nur eine Doublette der ersteren ist, ist kein sehr erfreulicher. Zu der Frage bringen interessantes Material die mehr erwähnten Gutachten der österreichischen Universitäten zur Reform des Rechtsunterrichtes von 1887.

2) Mit Recht untersagt die bayerische Ministerialbekanntmachung vom 6. Juli 1899 § 54 das Eingehen auf untergeordnete Einzelheiten. Vergl. Daude, Ordnung des Rechtsstudiums S. 154.

3) Vergl. die treffenden Ausführungen bei v. Jhering, Scherz und Ernst in der Jurisprudenz 10. Aufl. S. 378 f.; Leonhard, Noch ein Wort über den juristischen Universitätsunterricht S. 18 f.; Baumann, Für freie Universitäten S. 57 f.

IV.

Wir stehen am Schlusse unserer Ausführungen. Vieles und wohl das Entscheidende von dem, was ich namentlich der Methode nach verlangt habe, läßt sich schon jetzt erreichen ohne große fundamentale Umgestaltung unserer augenblicklichen Einrichtungen. Und darin scheint mir eine Gewähr für seine Richtigkeit, für seine Brauchbarkeit zu liegen. Denn eine Reform, die radikal mit dem Gewordenen bricht, ist schwerlich auf richtigem Weg und noch schwerlicher von fruchtbringender Dauer. Jedes Seiende hat seine Vernunft, die zu erkennen und weiterzubilden die Aufgabe wahrer Politik ist. Denn jede Fortentwicklung besteht letzten Endes in der Ausbildung, in der Entwicklung bereits vorhandener Keime. Jedenfalls werde ich versuchen, den Zielen, die ich Ihnen geschildert habe, nachzustreben, so gut ich es kann. Und ich hoffe hierdurch am besten das Zusammenwirken von Dozent und Hörer zu gewährleisten, auf das eine jede Methode des akademischen Unterrichtes hinauslaufen muß, sollen anders Dozent und Hörer das bleiben, was wir alle anstreben, eine wirkliche Universitas, eine zusammenarbeitende und zusammenschaffende Einheit.

Frommannsche Buchdruckerei (Hermann Pohle) in Jena. — 3849

FSC
www.fsc.org
MIX
Papier | Fördert gute Waldnutzung
FSC® C083411

Kolibri 360 GmbH
Ferdinand-Jühlke-Straße 7
99095 Erfurt, Deutschland
produktsicherheit@kolibri360.de